‚Unser Kaiser'

Christian Graf von Krockow

‚Unser Kaiser‘
Glanz und Sturz der Monarchie

Mit historischen Postkarten
aus der Sammlung
Jürgen Christen

westermann

Titelfoto: Lutz Pape
mit freundlicher Unterstützung
des Kunst- und Antiquitätenhandels
von Barbara Ferres-Sauter

Die Deutsche Bibliothek – CIP-Einheitsaufnahme

Krockow, Christian Graf von:
„Unser Kaiser": Glanz und Sturz der Monarchie /
Christian Graf von Krockow. –
Braunschweig: Westermann, 1993
ISBN 3-07-50 9507-9

© Georg Westermann Verlag GmbH, Braunschweig 1993
Druck und Bindung: westermann druck GmbH, Braunschweig
ISBN 3-07-50 9507-9

Inhalt

Vorwort   7

Kaiserlied oder Die mächtige Monarchie   11

Der Sturz in den Abgrund   33

Preußens Maßstab oder Die tätige Monarchie   51

Gedanken über eine ehrwürdige Institution   75

Fragen im Rückblick   93

Die Sprache der Bilder   107

Kaiserlied oder
Die mächtige Monarchie

Frage stand, das mochte zwar von Fall zu Fall die Kritik nähren. Aber es beruhigte zugleich. Am Ende, falls es wirklich einmal hart auf hart kommen sollte, bot die mächtige Monarchie jenen Schutz an, den ein berühmter oder berüchtigter Satz beim Namen nannte: „Der König von Preußen und der deutsche Kaiser muß jeden Moment imstande sein, zu einem Leutnant zu sagen: Nehmen Sie zehn Mann und schließen Sie den Reichstag!"

Die mächtige Monarchie: Wie denn sollte sie sich anders als selbstbewußt darstellen? Aus dem preußischen Ursprung hatte sie im Nachweis der Leistungstüchtigkeit, im Glanz ihrer siegreichen Waffen 1871 den Jahrhunderttraum der Deutschen von der Einheit, vom starken, erneuerten „Reich" erfüllt, an dem die Revolution von 1848 und das Frankfurter Paulskirchenparlament schmählich gescheitert waren. Sie hatte sozusagen den Wahrheitsbeweis für den Satz geliefert, der Anstoß erregte, als Otto von Bismarck ihn 1862 in die Debatte warf: „Nicht durch Reden und Majoritätsbeschlüsse werden die großen Fragen der Zeit entschieden – das ist der Fehler von 1848 und 1849 gewesen –, sondern durch Eisen und Blut."

Es war Bismarcks Geniestreich gewesen, daß er in einer „Flucht nach vorn" den alten, monarchisch bestimmten Obrigkeitsstaat aus seiner preußischen Weglosigkeit zur Gründung der nationalen Einheit führte und damit das Bürgertum mit diesem Staat versöhnte. Fortan erschien er als Schutz und Schirm wider die Ängste im Innern und die Gefahren von außen; fortan stellte sich das deutsche Selbstgefühl als ein Macht- und Siegesbewußtsein dar.

Zur Anschauung hilft das Symbol, das Sebastian Haffner, noch aus eigenem Erleben, geschildert hat:

„Der Sedantag war ein rundes halbes Jahrhundert lang *der* deutsche Nationalfeiertag, mit Paraden, Beflaggung, Schulfeiern, patriotischen Reden und allgemeinen Hochgefühlen. Und zwar war es, muß man wahrheitsgemäß und mit einiger Beschämung gestehen, der einzige wirklich effektive Nationalfeiertag, den die Deutschen jemals gehabt haben. Was nachher an seine Stelle trat, der 11. August, Verfassungstag der Weimarer Republik, der 1. Mai der Nazis, der 17. Juni der Bundesrepublik, das war alles nichts Rechtes mehr: halt ein freier Tag und ein paar Weihestunden und Reden, die keinen sonderlich interessierten. Aber der 2. September, Sedantag, mein Gott, da war wirklich noch was los! Das war eine Stimmung – ich finde für die heutige Zeit keinen anderen Vergleich –, als ob die deutsche Nationalmannschaft die Fußballweltmeisterschaft gewonnen hätte, und zwar jedes Jahr aufs neue.

Alle Jahre wieder wurde die große Schlacht im Geiste noch einmal siegreich durchgekämpft, immer wieder brachen die französischen Kavallerieattacken im deutschen Musketenfeuer zusammen, immer wieder übergab der französische Kaiser als gebrochener Mann... dem Preußenkönig seinen Degen. Jeder trug im Kopf die triumphalen Bilder, die damals zu Hunderttausenden in Deutschlands guten Stuben hingen: König Wilhelm, der Heldengreis, inmitten seiner Paladine auf der Höhe von Frésnois; Moltke bei den Kapitulationsverhandlungen, den Handrücken lässig auf der Generalstabskarte, auf die die französischen Unterhändler wie auf ein Todesurteil starrten; der gigantische Bismarck neben dem häßlichen Zwerg Napoleon auf der schütteren Holzbank vor dem Weberhäuschen in Domchérie – alle diese Szenen des Triumphs Jahr für Jahr aufs neue nachzuschmecken, das war ein wirkliches Fest. Von den Hochgefühlen patriotischen Selbst-

Auguste Viktoria (1858–1921) stammte aus dem Hause Schleswig-Holstein-Sonderburg-Augustenburg. Mit Wilhelm II. war sie seit 1881 verheiratet.

genusses, mit denen das gefeiert wurde, macht man sich heute kaum noch eine Vorstellung."

Die siegreiche Schlacht, der Triumph über den „Erbfeind" als nationales Symbol – und im Kern aller Selbstdarstellung die mächtige Monarchie: Dieser Tatbestand läßt sich auch an der Verfassung des Reiches ablesen. Genau genommen und im Grunde nur folgerichtig lebten die Deutschen nämlich gar nicht in einem eigenen Staat, vielmehr als Preußen, Sachsen, Bayern, Württemberger oder Oldenburger in dem „ewigen Bund" ihrer Fürsten, zu dem sich noch die Hansestädte gesellten. Paul Laband, der maßgebliche Staatsrechtslehrer der Bismarckzeit, hat den Sachverhalt präzise erfaßt, wenn er schrieb: „Das Deutsche Reich ist nicht eine juristische Person von 40 Millionen Mitgliedern, sondern von 25 Mitgliedern."

Diese Bündnispartner, die eigentlichen Souveräne, waren in ihrem Verfassungsorgan, dem Bundesrat, mit Gesandten vertreten, die den Diplomatenstatus besaßen wie die Botschafter fremder Länder. Und die Einzelstaaten besaßen eigene Minister des Auswärtigen. In Württemberg zum Beispiel war dies von 1906 bis 1918 der Großvater des heutigen Bundespräsidenten, Dr. jur. et med. h. c. Carl – seit 1916 Freiherr – von Weizsäcker, zugleich Ministerpräsident, Minister der Familienangelegenheiten des Königlichen Hauses und Ordenskanzler. Im „ewigen Bund" aber stellte der König von Preußen – unter dem romantisch schmückenden Kaisertitel – „das Präsidium" dar, und der Reichskanzler war sein Geschäftsführer. Selbstbewußte Honoratioren der Hansestädte redeten daher – völlig korrekt – den Kaiser nicht als „Eure Majestät", sondern als „Hoher Verbündeter" an.

Wenn man die Verhältnisse noch aus einer anderen Perspektive, mehr persönlich und intim als formal betrachtet, dann stellte sich das Reich als eine Art von Familienunternehmen dar. Wilhelm I. war mit Augusta von Sachsen-Weimar verheiratet, Wilhelm II. mit Augusta Viktoria von Schleswig-Holstein-Sonderburg-Augustenburg, Kronprinz Wilhelm mit Cecilie von Mecklenburg-Schwerin, und irgendwie, sei es um ein paar Ecken, war beinahe jedes Fürstenhaus mit jedem verwandt oder verschwägert. Nur die Konfession bildete eine gewisse Grenzlinie; vom bayerischen Hause Wittelsbach führten die Beziehungen eher zum österreichischen Hause Lothringen-Habsburg. Übrigens fand im wilhelminischen Jubiläumsjahr 1913 die vielbeachtete Heirat der Kaisertochter Viktoria Luise mit Ernst August, dem Herzog zu Braunschweig und Lüneburg, statt. Sie galt als Zeichen der Versöhnung zwischen den Hohenzollern und den Welfen, die 1866 ihr Königreich Hannover an Preußen verloren hatten; nachdem der Vater des Herzogs am 24. Oktober 1913 einen Verzicht auf den Königsanspruch ausgefertigt hatte, konnte Ernst August am 1. November in Braunschweig die Regierung übernehmen.

Aber nicht nur das Deutsche Reich, sondern beinahe ganz Europa bildete eine Sonderform von Familienunternehmen. Denn man muß sich vor Augen führen, daß es sich um einen Kontinent der Monarchien handelte, sofern man von der Schweiz, Frankreich und – seit 1910 – von Portugal absieht. Georg V., König von Großbritannien und Irland, verheiratet mit Viktoria Mary Fürstin von Teck, und Wilhelm II. besaßen in der Königin Victoria eine gemeinsame Großmutter, waren also Vettern ersten Grades. Nur etwas weitläufiger geriet die Vetternschaft zum russischen Zaren Nikolaus II., verheiratet mit Alexandra von Hessen und bei Rhein.

Mit einiger Zuspitzung könnte man sogar sagen, daß der Kontinent ein deutschblütiges Familienunterneh-

Die einzige Tochter Wilhelms II., Viktoria Luise (1892–1980), und Prinz Ernst August von Braunschweig (1887–1953) im Jahr ihrer Hochzeit, 1913.

men darstellte. Dank der Vielzahl seiner Fürstenhäuser bildete Deutschland den europäischen Heiratsmarkt schlechthin. In Rußland regierte das Haus Romanow-Holstein-Gottorp, in Großbritannien nach dem Hause Hannover das von Sachsen-Coburg und Gotha, das ohnehin auf eine bemerkenswerte Karriere zurückblicken konnte; es besetzte auch den belgischen und den bulgarischen Thron. In Griechenland und in Norwegen finden wir das Haus Schleswig-Holstein-Sonderburg-Glücksburg, in Rumänien die Hohenzollern. Und so fort und fort: Schwedens König Gustav V. war mit einer Prinzessin von Baden verheiratet, die niederländische Königin Wilhelmina mit Heinrich, Herzog zu Mecklenburg. Freilich, eine Garantie für Harmonie und für den Frieden bot das deutschstämmige Familienunternehmen keineswegs. Blickt man in die europäische Geschichte der Neuzeit oder auch des Mittelalters zurück, so hat die Erwartung fast immer getrogen, daß man durch fürstliche Heiraten und Familienverbindungen dauerhafte Bündnisse begründen könne. Machtbewußte Herrscher sind stets ihren eigenen Interessen gefolgt, und für die modernen Staaten gilt das erst recht, mag sie regieren wer will. Das zeigt auch die Gegenprobe: Wenn revolutionäre Umbrüche das Legitimitätsprinzip der angestammten Dynastien und mit ihm die Familienbindungen zerstörten, hat dies Bündnisse durchaus nicht verhindert, falls die Interessenlage sie als geboten erscheinen ließ. Gegen Leopold von Gerlach, den Verfechter einer prinzipienstrengen, einzig auf die Legitimität der angestammten Herrschaft setzenden Politik, hat Bismarck seinem eigenen Handeln vorweg schon 1857 die *Realpolitik* glanzvoll beschrieben:

„Wie viele Existenzen gibt es noch in der heutigen politischen Welt, die nicht in revolutionärem Boden wurzeln? Nehmen sie Spanien, Portugal, Brasilien, alle amerikanischen Republiken, Belgien, Holland, die Schweiz, Griechenland, Schweden, das noch heut mit Bewußtsein in der glorious revolution von 1688 fußende England; selbst für das Terrain, welches die heutigen deutschen Fürsten teils Kaiser und Reich teils ihren Mitständen, den Standesherrn, teils ihren eigenen Landständen abgewonnen haben, läßt sich kein vollständig legitimer Besitztitel nachweisen, und in unserm eignen staatlichen Leben können wir der Benutzung revolutionärer Unterlagen nicht entgehn. Viele der berührten Zustände sind eingealtert, und wir haben uns an sie gewöhnt...

Aber selbst dann, wenn die revolutionären Erscheinungen der Vergangenheit noch nicht den Grad von Verjährung hatten, daß man von ihnen sagen konnte, wie die Hexe im Faust von ihrem Höllentrank: ‚Hier hab ich eine Flasche, aus der *ich selbst* zuweilen nasche, die auch nicht mehr im mind'sten stinkt', hatte man nicht immer die Keuschheit, sich liebender Berührung zu enthalten; Cromwell wurde von sehr antirevolutionären Potentaten „Herr Bruder" genannt und seine Freundschaft gesucht, wenn sie nützlich schien; mit den Generalstaaten waren sehr ehrbare Fürsten im Bündnis, bevor sie von Spanien anerkannt wurden. Wilhelm von Oranien und seine Nachfolger galten, auch während die Stuarts noch prätendierten, unsern Vorfahrn für durchaus koscher, und den Vereinigten Staaten von Nordamerika haben wir schon in dem Haager Vertrage von 1785 ihren revolutionären Ursprung verziehn...

Wann und nach welchem Kennzeichen haben alle diese Mächte aufgehört, revolutionär zu sein? Es scheint, daß man ihnen die illegitime Geburt verzeiht, sobald wir keine Gefahr von ihnen besorgen, und daß man sich alsdann auch nicht daran stößt, wenn sie fort-

Betont „schneidig" wollte Wilhelm II. wirken – wohl um die Behinderung zu überspielen, von der er selbst sagte: „Ein ausgesprochenes Hemmnis war es aber für mich, daß mein linker Arm infolge einer seit der Geburt entstandenen, anfangs übersehenen Verletzung in der Entwicklung zurückgeblieben war und seine freie Beweglichkeit eingebüßt hatte."

ner charakteristischen Gebärde gestaltet. Auch diese Eigentümlichkeit unserer repräsentativen Zustände entbehrt nicht des tieferen Sinnes."

Und wie dann erst beim Kaiser! Betrachtet man die überlieferten Bilder, so fällt auf, daß die zivilen fast völlig fehlen, auch bei durch und durch zivilen Anlässen. Immerfort sehen wir die Pracht der Uniformen, übrigens immerfort im Wechsel, als gehe es – ganzjährig – um einen martialischen Karneval. Meist handelte es sich um preußische Regimentsuniformen, sei es des Ersten Garderegiments zu Fuß, der Leibgardehusaren und so fort, manchmal auch um ausländische, weil der Kaiser bei österreichischen, russischen oder englischen Regimentern die Stellung eines Ehrenkommandeurs bekleidete. Außerdem liebte Wilhelm II. die historische Kostümierung, besonders die friderizianische, und schließlich spielte die Marineuniform eine wichtige Rolle. Bisweilen nahmen die Verkleidungen fast groteske oder zwanghafte Züge an: Zum Empfang des britischen Botschafters erschien Seine Majestät als britischer Admiral, als deutscher dagegen, wenn in der Oper „Der fliegende Holländer" auf dem Programm stand. Erst im Krieg wich der farbige Wechsel einem feldgrauen Einerlei.

Der Hang zum Marineblau kam kaum von ungefähr. Er symbolisierte den wilhelminischen Bürgertraum, daß Deutschland dazu bestimmt sei, über die Beschränkungen einer kontinentalen Großmacht hinauszugreifen und „Weltmacht" zu werden. Neben vielen anderen hat der große Gelehrte Max Weber diesen Traum bündig formuliert, als er 1895 sagte: „An unserer Wiege stand der schwerste Fluch, den die Geschichte einem Geschlecht als Angebinde mit auf den Weg zu geben vermag: das harte Schicksal des politischen Epigonentums... Entscheidend ist auch für unsere Entwicklung,

Kaiser Wilhelm und Admiral von Tirpitz an Bord S. M. Y. Hohenzollern.

v. Admiral von Holtzendorff Km. Admiral der Hochseeflotte.

Th. Jürgensen phot. Kiel.

Was offiziell versäumt wurde, hat jemand privat auf der Postkarte nachgetragen: Der dritte im Bunde war Admiral von Holtzendorff, Kommandierender Admiral der Hochseeflotte.

ob eine große Politik uns wieder die Bedeutung der großen politischen Machtfragen vor Augen zu stellen vermag. Wir müssen begreifen, daß die Einigung Deutschlands ein Jugendstreich war, den die Nation auf ihre alten Tage beging und seiner Kostspieligkeit halber besser unterlassen hätte, wenn sie der Abschluß und nicht der Ausgangspunkt einer deutschen *Weltmachtpolitik* sein sollte."

Die Verwirklichung des Traums aber bedurfte eines neuen Machtinstruments, das beweglicher und weiträumiger eingesetzt werden konnte als herkömmlich die Armee. Deutschlands Zukunft als Weltmacht lag, wie man sagte, „auf dem Wasser". Der Schlachtflottenbau geriet daher zum eigentlichen Machtprojekt, zum Riesen- und Lieblingsspielzeug der Epoche, und einmal mehr erwies sich Wilhelm II. als ihr Repräsentant. Er trat als der erste Seemann der Nation auf, als eifrigster Förderer der Marine. Im Jahre 1897 ernannte er den Mann zum Staatssekretär des Reichsmarineamtes, der sich als überragender Organisator und Propagandist des Flottenbaus erweisen sollte: Alfred Tirpitz. Mit der Vorlage der Flottengesetze von 1898 und 1900 begann im Ernst die Realisierung des wilhelminischen Traums.

Rein technisch gesehen handelte es sich um eine Meisterleistung. In der kurzen Zeitspanne von nur anderthalb Jahrzehnten entstand die zweitstärkste und in vieler Hinsicht modernste Schlachtflotte der Welt. Unvermeidbar war allerdings, daß das große Vorhaben seine Spitze gegen die *alte* See- und Weltmacht schlechthin richtete, gegen England. Daraus nährte sich ein Verhältnis oder mehr noch Mißverhältnis von Bewunderung und Neid, eine Art von Haßliebe gegenüber den britischen Vettern. Auch diese Haßliebe hat Wilhelm II. beispielhaft verkörpert.

In einer altpreußischen Perspektive nahm sich das alles sehr sonderbar aus. Denn Brandenburg-Preußen war trotz seiner langen Ostseeküste und – seit den Tagen Friedrichs des Großen – seines ostfriesischen Besitzes an der Nordsee stets Landmacht geblieben, sofern man von der Episode des niederländisch erzogenen Großen Kurfürsten einmal absieht. Einzig die Armee konnte das zerrissene Staatsgebilde zusammenhalten und sichern, übrigens in den Schicksalszeiten des Siebenjährigen Krieges und der Befreiungskriege im Bündnis mit England. Mit dem wilhelminischen Drang zur „Zukunft auf dem Wasser" machte sich also etwas Un- oder gar Antipreußisches bemerkbar, etwas Neu- und Nationaldeutsches; sehr bezeichnend hatte schon das Paulskirchenparlament von 1848 sogleich

Der Kaiser, Prinz Adalbert, Prinzessin Viktoria Luise und die Kronprinzessin mit den Prinzen Wilhelm, Louis Ferdinand und Hubertus.

Hin und wieder empfing Wilhelm II. auch Frauen und Kinder an Bord seines Schiffes. Hier seine Tochter, seine Schwiegertochter mit Kindern und sein Sohn Adalbert.

zum Aufbau einer Flotte angesetzt, die nach dem Sieg der Reaktion dann versteigert wurde. Preußische Konservative haben folgerichtig von der „gräßlichen" Flotte gesprochen oder – wie Philipp Fürst Eulenburg nach seinem Sturz aus der Kaisergunst – über den „Wassermilitarismus" gespottet.

Anders das Bürgertum. Einerseits rückte es im Kaiserreich zur wirtschaftlich eindeutig führenden Schicht und in seinen Spitzen zu einem Wohlstand, ja Reichtum auf, neben dem sich der preußische Adel auf seinen ostelbischen Gütern bescheiden, um nicht zu sagen kümmerlich ausnahm. Andererseits hatte das Bürgertum sich seit der Reichsgründung dem Triumph des alten Obrigkeitsstaates und dem erneuerten Prestige seiner adlig-militärischen Führungsschicht unterworfen. Nicht zu Unrecht hat man von einer „Verjunkerung der Bourgeoisie" gesprochen. Das Bürgertum hatte auf seinen eigenen, gegen den alten Staat freiheitlich begründeten Machtanspruch, wie er 1848 noch selbstverständlich war, verzichtet; es hatte eine Art von politischer Abdankung ausgerechnet in der Zeit seines wirtschaftlichen Aufstiegs vollzogen. Im Traum von der Weltmacht aber erneuerte sich dieser Machtanspruch in einer seltsam verwandelten, ins Aggressive verzerrten Gestalt, und der Schlachtflottenbau stellte sich gleich auf doppelte Weise als sein geeignetes Instrument dar.

Erstens war nämlich die Marine „reichsunmittelbar"; sie unterstand dem Kaiser, nicht dem König von Preußen, und daher entkam sie dem Bannkreis preußischer Traditionen. Sie war nicht mehr der Ausdruck eines besonders geprägten Milieus, sondern das wahrhaft nationale Instrument. Als Seeoffiziere konnten Bürgersöhne endlich Karriere machen und Ansehen gewinnen, ohne vom Prestige des Adels überschattet und erdrückt zu werden.

Zweitens erwies sich die Marine als ein Ausdruck spezifischer Modernität. Wenn der Adel die farbenprächtige Kavallerie liebte, die im Zeitalter der Repetier- und Maschinengewehre nur noch wenig taugte, wenn er im Grunde den „Rittmeister" für feiner befand als den „Hauptmann" und auf Fußartillerie und Pioniere schon herabsah, dann stellte sich die Flotte als Ingenieurs-Modernität dar, als die Macht aus Maschinen: nicht als die Nostalgie, sondern als die Zukunft jener Gewalt, die ein Oswald Spengler beschwor, als er der Jugend zurief: „Wenn... sich Menschen der neuen Generation der Technik statt der Lyrik, der Marine statt der Malerei... zuwenden, so tun sie, was ich wünsche und man kann ihnen nichts Besseres wünschen."

Damals wie heute schmückten singende und blumenreichende Kinder das Ansehen des Herrschers. Auch Wilhlem II. ließ sich gerne im Kreise seiner jüngsten Untertanen sehen.

Unser Kaiserpaar unter den Kindern des „Kaiser-Wilhelm-Kinderheim" in Ahlbeck.

Sieht man es so, dann zeigt sich Wilhelm II. in seiner Begeisterung für den technischen Fortschritt und für den Schlachtflottenbau noch einmal als der Repräsentant seiner Epoche, als ein sehr moderner Bürger-Kaiser. Sein Beharren auf dem Gottesgnadentum des angestammten Herrschers stand dazu keineswegs im Widerspruch. Es half, der Modernität eine besondere Weihe zu verleihen und den technischen Traum durch Romantik zu überhöhen, um in solcher Zurüstung mit „felsenfester Überzeugung... auf dem Wege vorwärtszuschreiten, der Mir vom Himmel gewiesen ist". Ein Muster zeichnet sich hier ab, das Schule machen sollte: Auf die „Vorsehung", die ihn leite, hat sich später ein ganz anderer Führer berufen.

Jetzt aber, im Jubiläumsjahr, galt es erst einmal, den „Friedenskaiser" zu feiern. Schulchöre, die Mädchen wie die Jungen in den festlich-unpraktischen Matrosenkleidern oder -anzügen, sangen ihm das Kaiserlied, ursprünglich dem Großvater, Wilhelm I., zur Proklamation von Versailles zugedacht und inzwischen zur Hymne der mächtigen Monarchie aufgerückt:

„Heil dir im Siegerkranz,
Herrscher des Vaterlands,
Heil, Kaiser, dir!
Du hast am Rhein gewacht,
hast Deutschland eins gemacht,
brachst seiner Feinde Macht;
Heil, Kaiser, Dir!

Sieger von Königgrätz,
Heil, König, dir gerät's,
mit dir ist Gott!
Sedan hat's auch bewährt:
Der unsre Ruh gestört,
gab da sein Kaiserschwert –,
Heil, Kaiser, Dir!

Nun mag Europa drohn!
Dich rief zum Kaiserthron
Germanias Dank.
Er, dem dein Herz geglaubt,
setze dir siegumlaubt
die Kaiserkron' aufs Haupt.
Heil, Kaiser, dir!

Herrsche nach Gottes Recht,
du und dein ganz Geschlecht,
Deutschland zum Heil!
Wahrheit dein Purpurkleid,
Gnade dein Krongeschmeid,
Friede dein Throngeleit!
Heil, Kaiser, dir!

Der Sturz in den Abgrund

Seite 33: Wilhelm II. starb am 4. Juni 1941 in „Haus Doorn", seinem niederländischen Exil. Dort ist er auch in einem Mausoleum im Park bestattet worden.

Am 28. Juni 1914, ein Jahr nach dem glanzvollen Regierungsjubiläum des „Friedenskaisers", fielen in Sarajewo die Schüsse, die den österreichischen Thronfolger Franz Ferdinand töteten und den Ersten Weltkrieg auslösten. Ob Wilhelm II. das Unheil hätte abwenden können, wenn er das wirklich gewollt hätte, steht dahin. Er war ein Mann der starken Worte, jedoch eher ein Zauderer, sobald es ums Handeln ging. So hat er zwar einerseits mit seinem persönlichen Appell an den Zaren einen Versuch unternommen, den Frieden zu retten. Andererseits ist er der eigenen Regierung nicht in den Arm gefallen, als diese die Kriegspartei in Wien stärkte statt zurückhielt, die Serbien demütigen wollte, ohne auf Rußlands Eintreten für den Balkanstaat Rücksicht zu nehmen. Im Ergebnis jedenfalls hat der Kaiser den europäischen Sturz in den Abgrund nicht verhindert.

Die ungeheure Begeisterung, die der Kriegsbeginn dann überall und nicht bloß in Deutschland auslöste, läßt es ohnehin als zweifelhaft erscheinen, ob ein einzelner, und sei er noch so mächtig, das Schicksalsrad hätte aufhalten können. Wahrscheinlich wäre etwas später und aus anderem Anlaß doch eingetreten, worauf nicht nur die Regierungen, sondern auch die Völker zutrieben.

Indessen erwies sich der Kaiser noch einmal als wortmächtig. Als am Abend des 31. Juli die allgemeine Mobilmachung verkündet wurde, sang die vor dem Berliner Schloß versammelte Menge spontan den Choral „Nun *danket* alle Gott..." Danach sprach Seine Majestät vom Balkon erhab und fand die zündende Parole: „Wenn es zum Kriege kommen soll, hört jede Partei auf, wir sind nur noch deutsche Brüder." Nach einem Zeitungsbericht rief dieses Wort einen Jubel hervor, „wie er in Berlin wohl noch niemals erklungen ist. Die Menge stimmte begeistert erneut patriotische Lieder an." Zwei Tage später folgte dann in einer Ansprache, die sich an die Thronrede vor den Abgeordneten anschloß, die Umformulierung, der Flügel wuchsen: „Ich kenne keine Parteien mehr. Ich kenne nur Deutsche."

Dies allerdings war im Grunde schon das letzte, was die Deutschen von ihrem Monarchen und der Monarchie noch wirklich wahrnahmen und was sie beeindruckte. Es gehörte zur preußischen Tradition, daß die Hohenzollern mit ihren Truppen ins Feld zogen. Als der Krieg aber nicht, wie alle erwarteten, mit einem schnellen und glorreichen Sieg endete, sondern quälend und verlustreich im Stellungskampf erstarrte, geriet der Kaiser auf ein Abstellgleis, zu einer Art Schattenfigur des „Großen Hauptquartiers". Reden waren hier nicht gefragt, außer bei Ordensverleihungen und nichtssagend dekorativen Empfängen. Alle Blicke richteten sich auf die wirklichen Heerführer – und zunehmend auf den Mann, der, geleitet von Erich Ludendorff, als der Retter Deutschlands erschien, so wie er im August 1914 der Retter Ostpreußens gewesen war: Hindenburg. Die Empfindungen und Hoffnungen, die sich nicht nur östlich der Weichsel, sondern im ganzen Lande mit ihm verbanden, werden in der Ballade sichtbar, die Agnes Miegel dem Sieger von Tannenberg widmete. „Und rings um den Dom", heißt es darin,

„Rauschten jäh die Linden auf
Als wachten in dem Ordenschor
In ihren Grüften die Hochmeister auf.
Und Fragen liefen Haus ab und auf:
„Was singen die Jungen?
            Was wissen sie?'

*Und eine freudezitternde, schwingende Stimme schrie:
‚Sieg! Sieg' Wir schlugen die Russen bei Tannenberg!'
. . . . .
Im Morgengrauen, dicht bei dicht,
Vor dem Anschlag an der Mauerwand
Alt und jung beieinander stand.
Sie lasen murmelnd im ersten Licht
Wort für Wort, wieder und wieder
Und den Namen darunter.*
                          Keiner hat ihn gekannt.
‚Hindenburg!'
      Sie sprachen ihn laut einander vor.
*‚Wer ist er? Woher?'
Welke Hand hob kleine weiche Hand empor
Daß sie ihn nachzog. Greises Haupt beugte sich nieder,
Ließ rosigen Mund ihn stammeln. Sprach:*
                  ‚Das ist Er,

*Der Verheißne, der Greis aus dem Berg Vergessenheit,
Den unsere Not gerufen.
Vergiß ihn nie!'*
                Er kam, er hat uns befreit.
*‚Nie.'
Und ein verstörtes, zerquältes
Land griff aufatmend nach deiner mächtigen Hand
Und lehnte sich wie ein Kind an deine Knie!"*

Kaiser Wilhelm II. im Felde

    In dem Maße, in dem die Leiden des Krieges zunahmen, wuchs das Bedürfnis nach mächtiger Führung, verständlich genug. Aber die Erwartungen richteten sich eben nicht mehr auf den Kaiser, sondern auf Hindenburg, in dem Wunschdenken oder dem Wunderglauben, daß er den unwahrscheinlichen Sieg bringen werde, so wie er ihn bei Tannenberg gebracht hatte. Am 29. August 1916 übernahm der deutsche Heldengreis

Die Kaiserin und Kronprinzessin beim Besuch Verwundeter

Gott verläßt die Seinen nicht!

als Chef des Generalstabs die Oberste Heeresleitung, die, dank Ludendorffs Entschlossenheit, mehr und mehr auch die politische Führung an sich riß und praktisch eine Militärdiktatur entwickelte. Der Kaiser sah sich gezwungen, allem zuzustimmen, was die beiden mächtigen Männer wollten, die – im Krieg, vor dem Feind! – ihre Forderungen nötigenfalls mit der Androhung des Rücktritts durchsetzten.

Hinzu kam, daß der Krieg den wilhelminischen Traum von der Weltgeltung durch Seemacht als Illusion, um nicht zu sagen als Verhängnis erwies. Wie selbstverständlich lag vom ersten Tag an das deutsche Schicksal wieder in den Händen des Heeres. Die Schlachtflotte dagegen dümpelte untätig auf ihren Liegeplätzen, als gäbe es sie nicht. Ihr Baumeister Tirpitz hatte sie für die eine große Entscheidungsschlacht entworfen und eingeübt, die irgendwo zwischen Helgoländer Bucht und Themsemündung gegen den britischen Rivalen ausgefochten werden sollte. Tirpitz brachte auch das griffige Wort von der „Risiko"-Flotte in Umlauf, eine Art von Abschreckungstheorie: England werde das Duell nicht wagen, wenn es den Untergang seiner eigenen Seemacht fürchten müsse.

Doch in Wirklichkeit bestand das Risiko genau darin, sich England zu einem entschlossenen Feind zu machen, der die Herausforderung annahm, seine Gegenrüstung verstärkte und sich auf den Kampf vorbereitete. Im übrigen ist das Ziel des Seekriegs kein „Sedan" auf dem Meer, nicht die eine glorreiche Schlacht, die in Stunden oder Tagen alles entscheidet, sondern die Sicherung der eigenen Verbindungen wie die Blockade der feindlichen, die erst in Monaten oder Jahren sich auswirkt. Darum gehören zum Seekrieg ganz andere Begriffe vom Raum und von der Zeit als zum Landkrieg.

Der Kaiser empfängt die Offiziere des in Kiel anwesenden amerikanischen Geschwaders.

Tirpitz und seine Mitstreiter hatten das nicht verstanden. Was sie schufen, war zwar technisch ein Meisterwerk, aber strategisch und politisch die große Illusion, die das Verhängnis barg. England mußte die Schlacht gar nicht schlagen, es konnte seine Blockadelinien weitab von den deutschen Küsten aufbauen und mit geringem Risiko sichern. Damit erfüllte die „Grand Fleet" exakt ihre Aufgabe, während die deutsche „Hochsee"-Flotte funktionslos blieb und daran auch innerlich verdarb, bis sie am Ende die Revolte oder Revolution aus sich hervortrieb.

Ähnlich oder erst recht barg der im Krieg improvisierte Versuch, der Marine eine neue und siegverheißende Aufgabe zu schaffen, Illusion und Verhängnis. Die Illusion war, daß man mit Hilfe der U-Boote, wenn

Die Kronprinzessin und Prinzessin Viktoria Luise in Uniform.

Auf den heutigen Betrachter wirken die Damen in den Uniformen „ihrer" Regimenter eher komisch.

man sie nur unumschränkt einsetze, England binnen kurzem auf die Knie zwingen könne – und das Verhängnis, die Vereinigten Staaten herauszufordern, deren Kriegseinsatz sich dann als entscheidend erwies. Die Admirale hatten sich verschworen, daß die Großmacht jenseits des Atlantik ohnmächtig bleiben müsse und überhaupt nicht eingreifen könne, weil man ihre Transportschiffe vernichten werde. In Wahrheit vermochten die U-Boote den amerikanischen Aufmarsch in Europa nicht einmal zu stören; kein einziger Truppentransporter ist jemals versenkt worden.

Man muß diese Auflösung des wilhelminischen Traums von der Weltgeltung durch Seemacht, die der Krieg unerbittlich vollzog, im Auge haben, wenn man den Sturz der mächtigen Monarchie verstehen will.

Wilhelm II. war der erste Seemann der Nation, der begeisterte Förderer des Flottenbaus gewesen; er hatte verkörpert, daß die deutsche Zukunft „auf dem Wasser" liegen sollte. In der Gegenwart des Krieges aber wehten von dort die eisigen Schauer der Not, des Hungers und der Niederlage ins Land, wie die britische Seeblockade und das amerikanische Eingreifen sie verursachten. Wie also sollte der Kaiser nicht ein in den Schatten gerückter, gescheiterter, im Grunde schon gebrochener Mann sein, längst bevor seine Krone in den Staub rollte?

Um den Sachverhalt noch etwas anders, in politischer Perspektive zu formulieren: Bismarck hatte gewußt, daß das neugegründete Reich in seiner europäischen Zentrallage stets gefährdet blieb. Immer mußte es mit dem großen Landkrieg rechnen, im schlimmen Falle gegen Frankreich und Rußland zugleich. Mit allen seinen Kräften hat der Reichsgründer daher das Schlimme abzuwenden versucht und sich darum bemüht, die deutsche Macht in den Grenzen zu halten, die sich mit einer europäischen Machtbalance noch vertrugen. In seinen finstersten Alpträumen hat Bismarck sich schwerlich vorstellen können, daß man im Traum von der Weltmacht mutwillig auch noch die erste Seemacht zum Duell fordern würde. Aber genau dies geschah im Zeichen des Mannes, der Bismarck entlassen hatte. War es also dem Kaiser etwa nicht zur Last zu legen, daß er das Erbe des Reichsgründers im Frevel verspielte?

Allem Versagen ihrer politischen Führung zum Trotz haben die Deutschen unvergleichbar tapfer gekämpft. Aber im Sommer 1918 zeichnete sich unerbittlich die Niederlage ab. Der verzweifelte Versuch war gescheitert, mit der Heeresoffensive an der Westfront doch noch den Sieg zu erzwingen. Am 18. Juli begann der Gegenangriff der Alliierten, von Woche zu Woche mit stärkerer Beteiligung der amerikanischen Verbände; am 8. August folgte der „schwarze Tag des deutschen Heeres", die Auflösung ganzer Divisionen. Gleichzeitig wurde erkennbar, daß Österreich-Ungarn und die anderen Verbündeten zusammenbrachen. Am 14. August befand sogar die Oberste Heeresleitung, daß eine Fortführung des Krieges aussichtslos sei. „Wir waren am Ende! Wie Siegfried unter dem hinterlistigen Speerwurf des grimmen Hagen, so stürzte unsere ermattete Front; vergeblich hatte sie versucht, aus dem versiegenden Quell der heimatlichen Kraft neues Leben zu trinken."

Das schrieb Hindenburg im Jahre 1920 in seinen Erinnerungen „Aus meinem Leben". Und das allerdings war die Dolchstoßlegende, wider besseres Wissen, Wort um Wort als Lüge formuliert: Hindenburg selbst und Ludendorff waren es gewesen, die am 29. September die Übernahme der politischen Verantwortung durch eine neue, nunmehr parlamentarisch verantwortliche Regierung und den sofortigen Waffenstillstand gefordert hatten – zur höchsten Überraschung der „Heimat", die noch standhielt. Damals sahen Hindenburg selbst und Ludendorff sich für einen kurzen Augenblick in die Rolle von Angeklagten versetzt: Als die Oberste Heeresleitung, um ihren Forderungen Nachdruck zu verleihen, einen Offizier nach Berlin entsandte, der den Staatssekretären und Vertretern des Reichstages die militärische Lage erstmals ungeschminkt schilderte, notierte ein Journalist die Reaktionen: „Ich höre die halberstickten Aufschreie, ich bemerke die hervorquellenden Tränen. Erwachen aus der Narkose, Zorn, Wut, Scham, Anklage: Wir sind jahrelang von den Militärs belogen worden, und wir haben daran geglaubt wie an ein Evangelium!"

Aufgenommen von Ihrer Majestät der Kaiserin und Königin im Juli 1915.

Ludendorff allerdings wußte sehr genau, warum er einer neuen, parlamentarischen Regierung die Verantwortung zuschob; in einer Ansprache vor seinen Offizieren ließ er am 1. Oktober 1918 die Motive erkennen: „Ich habe aber Seine Majestät gebeten, jetzt auch diejenigen Kreise an die Regierung zu bringen, denen wir in der Hauptsache zu danken haben, daß wir so weit gekommen sind. Wir werden also diese Herren jetzt in die Ministerien einziehen sehen. Die sollen nun den Frieden schließen, der jetzt geschlossen werden muß. Die sollen die Suppe jetzt essen, die sie uns eingebrockt haben."

Wie aber sollten denn diejenigen schuldig sein, die man bis zu diesem Tage von aller Verantwortung ausgeschlossen hatte? Folgte nach allem Heldenmut zum Tode nun die Zivilcourage zur Wahrheit? Ergab sich aus der Niederlage, aus dem Ende eines Traums von der Weltmacht, die Chance zur Ernüchterung und zur redlichen Erneuerung – oder, erst recht, der Weg in den Wahn? So lauteten die Fragen, die den Deutschen gestellt wurden, das war die Schicksalsprobe, die sie am Ausgang des Krieges erwartete. Ihre Feldherrn aber hatten schon vorweg nicht bestanden; sie hatten sich für den Selbstbetrug, für die Lüge entschieden.

Ein Opfer mußte indessen erbracht werden, das Kaiseropfer. Als Wilhelm II. sich im Großen Hauptquartier an den Gedanken klammerte, zwar als Kaiser abzudanken, aber als König von Preußen an der Spitze seiner Armee zurückzukehren, erklärte ihm General Groener, seit dem 26. Oktober Nachfolger des zurückgetretenen Ludendorff, kalt: „Das Heer wird unter seinen Führern und kommandierenden Generälen in Ruhe und Ordnung in die Heimat zurückmarschieren, aber nicht unter dem Befehl Eurer Majestät, denn es steht nicht mehr hinter Eurer Majestät."

Groener berief sich auf eine Umfrage bei den Kommandeuren des Feldheeres, und am 10. November 1918, dem Tag, als ein Sonderzug den Kaiser in sein niederländisches Exil brachte, schloß er mit Friedrich Ebert einen Pakt, um Ruhe und Ordnung vor der Revolution zu retten. „Der Kaiser ging, die Generale blieben": Ähnlich reagierte die überwältigende Mehrheit der Staatsbeamten, im Glauben – oder glauben machend –, daß man weder einer Person gedient habe, noch den Parteien dienen werde, daß man vielmehr allein *dem Staat* als der höheren, überdauernden Einheit verpflichtet sei.

Hinter alledem verbarg sich offenbar ein Instinkt oder Interesse der Machterhaltung. Wie die Oberste Heeresleitung erst den verachteten Zivilisten das „Essen der Suppe", die Verantwortung für Waffenstillstand und Friedensschluß, dann der „Heimat" die Schuld an der Niederlage zuschob, so galt es zugleich, das Symbol des alten Obrigkeitsstaates zu opfern, um dessen Substanz zu retten. Die Tatsache, daß die Monarchie den konservativen Kräften in Staat und Gesellschaft bisher gleichsam als ein Schutzschild oder als Tarnkappe gedient hatte, um die eigene Parteilichkeit zu verdecken – diese Tatsache machte es um so dringlicher, jetzt abzuwerfen, was als Belastung erschien. Man konnte den Anschein erwecken, als habe sich vieles oder beinahe alles geändert, wenn nur erst die Monarchie preisgegeben war.

Wie die Stimmung in den gutbürgerlichen Kreisen Berlins aussah, nachdem getan war, was getan werden mußte, hat Ernst Troeltsch sarkastisch notiert: „Nach banger Nacht ward das Bild aus den Morgenzeitungen klar: der Kaiser in Holland, die Revolution in den meisten Zentren siegreich, die Bundesfürsten im Abdanken begriffen. Kein Mann tot für Kaiser und Reich! Die

Beamtenschaft in den Dienst der neuen Regierung getreten! Die Fortdauer aller Verpflichtungen gesichert und kein Sturm auf die Banken! – Sonntag, den 10. November, war ein wundervoller Herbsttag. Die Bürger gingen in Massen wie gewöhnlich im Grunewald spazieren. Keine eleganten Toiletten, lauter Bürger, manche wohl absichtlich einfach angezogen. Alle etwas gedämpft wie Leute, deren Schicksal irgendwo weit in der Ferne entschieden wird, aber doch beruhigt und behaglich, daß alles so gut abgegangen war. Trambahnen und Untergrundbahnen gingen wie sonst, das Unterpfand dafür, daß für den unmittelbaren Lebensbedarf alles in Ordnung war. Auf allen Gesichtern stand geschrieben: Die Gehälter werden weiter bezahlt."

Was zählte da noch die im Eid beschworene Treue? Tat man nicht seine Pflicht, sei es mit zusammengebissenen Zähnen, wie die Umstände es geboten? In Wahrheit jedoch handelte es sich um eine aus Panik und Selbstgerechtigkeit trübe gemischte Opferung des Monarchen und der Monarchie. Ehre, wahrlich, trägt sie niemandem ein.

Um zusammenzufassen: Wilhelm II. war auf seine Weise der Mann des wilhelminischen Fortschritts gewesen, als „der Kaiser" – und kaum noch als König von Preußen – der Repräsentant einer Bürgergesellschaft, die, wie stillos und darum uniformsüchtig, wie unsicher und darum auftrumpfend auch immer, doch hinausstrebte über das Enge und Überholte des alten Staates. Weil aber dessen Macht und dessen Symbole, mit der Armee vorab, prägend gewirkt hatten bis ins Innerste hinein, darum gelang es nicht, eine wirkliche Emanzipation zu suchen auf dem Wege politischer Reformen, in der Durchsetzung einer parlamentarischen Demokratie. Darum verlor man sich an den Versuch, die Macht des Alten mit einem neuen Machtinstrument zu

Im November 1922 heiratete Wilhelm II. mit 64 Jahren in zweiter Ehe die fast dreißig Jahre jüngere Prinzessin Hermine von Reuß, verwitwete Prinzessin Schönaich-Carolath.

Über die Geburt des ersten Urenkels Friedrich Wilhelm freute sich das Kaiserpaar 1939.

47

übertrumpfen: an den Traum von der Weltmacht, der im Schlachtflottenbau sein Instrument finden sollte. Der Krieg erwies diesen Traum als politisch verhängnisvoll und militärisch sinnlos; er barg in sich das Scheitern.

Wie aber sollte Wilhelm II. begreifen, daß die deutschen Bürger, die er repräsentierte, ihm vieles nachsahen und beinahe alles verziehen, nur dieses Scheitern nicht, das in Wahrheit ihr eigenes war? Beinahe möchte man den Kaiser eine tragische Figur nennen, die unser Mitgefühl wecken könnte. Dies freilich würde voraussetzen, daß der Mann im Exil, in dem engen Kreis seines Hauses in Doorn, wenigstens im Rückblick so etwas wie Einsicht und damit wie Würde gezeigt hätte.

Aber nichts, nicht einmal ein Anhauch davon läßt sich erspüren. Überall, nur nicht bei sich selbst, suchte er nach den Schuldigen seines Sturzes. Und immer noch im fatalen Einklang mit den Strömungen der Zeit spielten dabei „die Juden" eine wachsende Rolle. Zugleich verlor sich der alternde Mann an die Illusionen: Immerfort tastete er nach den Möglichkeiten seiner mehr oder minder baldigen Rückkehr. Dies schloß die Hoffnung auf den Rechtsputsch ebenso ein, wie zumindest zeitweilig die Hoffnung auf Hitler. Ohnehin haben manche aus dem Kreis seiner Familie ein Bündnis mit den Nationalsozialisten nicht gescheut.

Am 10. Mai 1940 überfielen Hitlers Heere die neutralen Niederlande. Die Königin und die Regierung wichen ins Londoner Exil aus. Was aber zählten für Wilhelm II. jetzt noch die Gastfreundschaft, die die Niederlande ihm in der Stunde der Not gewährt hatten? Was die Abweisung des alliierten Begehrens nach Auslieferung – um von den jahrhundertealten engen Verbindungen zwischen dem Hause Hohenzollern und dem Hause Oranien nicht erst zu reden? Der Kaiser oh-

Zwar hatte Wilhelm II. am 24. November 1918 formlos eine Abdankungsurkunde unterschrieben, die mit den Worten schließt: „Ich bin hier nur noch Privatmann", aber Fotos von ihm in Uniform gab es Zeit seines Lebens.

ne Krone beging die letzte und vielleicht schlimmste seiner notorischen Taktlosigkeiten: Wenige Wochen später, nach dem deutschen Sieg über Frankreich, schickte er an Hitler ein Glückwunschtelegramm.

Ein Jahr später, am 6. Juni 1941, ist er, mit Recht fast vergessen, in Doorn gestorben.

„Haus Doorn" war für Wilhelm II. noch fast 23 Jahre lang der Wohnsitz im Exil. Sein Arbeitszimmer lag im Turm.

Preussens Massstab oder Die tätige Monarchie

Wir wollen unsern guten alten Kaiser Wilhelm wiederhaben!" Oft genug, immer dann, wenn sie sich in den Wechselfällen ihrer neueren Geschichte ungerecht behandelt und schlecht regiert fühlten, haben die Deutschen das gesungen, halb im Spaß und halb im Zorn wider die jeweils herrschenden Zustände oder Personen. Und wie denn nicht? Wilhelm I. mochte kein Geistesriese gewesen sein, kein Mann der blitzenden, wortmächtigen Gescheitheit. Aber er war eine durch und durch vornehme Gestalt. Er verband Schlichtheit mit Selbstbewußtsein, Geradheit und Charakterstärke mit Taktgefühl und Liebenswürdigkeit gegen jedermann, auch und nicht zuletzt gegenüber Frauen. Sein hohes Alter – er war noch, 1797, im 18. Jahrhundert geboren – gab dem kaiserlichen Greis zusätzliche Würde. So genoß er allgemeine Achtung, ja weithin Verehrung, ganz besonders seit den beiden Attentaten, die im Jahre 1878 gegen ihn verübt wurden.

Seine größte politische Leistung bestand darin, einen so willensmächtigen und schwierigen Mann wie Bismarck in die Verantwortung zu berufen und fortan zu ertragen, obwohl er mehr als einmal und gewiß mit Recht geseufzt haben soll, daß es nicht leicht sei, *unter* Bismarck der Kaiser zu sein. Ihre härtesten Konflikte haben die beiden ungleichen Männer in den Stunden des Triumphes ausgetragen, zum Beispiel 1866 nach dem Sieg bei Königgrätz, als Wilhelm und seine Heerführer daran dachten, auf Wien zu marschieren und dort zu paradieren, während Bismarck die Demütigung Österreichs vermeiden und den schnellen Frieden erreichen wollte – und, wie stets, am Ende sich durchsetzte.

Noch bitterer geriet der Konflikt am Vorabend der Kaiserproklamation von Versailles am 18. Januar 1871,

Seite 51: Kaiser Wilhelm II. mit König Constantin von Griechenland und Graf Moltke im Manöver 1913.

Die Kaiserliche Residenz: Das Stadtschloß zu Berlin.

übrigens dem 170. Jahrestag der ersten preußischen Königskrönung. Indessen überall sonst der Jubel schon toste, bekannte dieser Hohenzoller seinem Kanzler unter Tränen: „Morgen ist der unglücklichste Tag meines Lebens. Da tragen wir das preußische Königtum zu Grabe." In einem Brief an seine Frau hat der Sprachkünstler Bismarck den Vorgang bilderreich beschrieben: „Diese Kaisergeburt war eine schwere. Könige haben in solchen Zeiten die wunderlichsten Gelüste, wie Frauen, bevor sie der Welt hergeben, was sie doch nicht behalten können. Ich hatte als Accoucheur mehrmals das dringende Bedürfnis, eine Bombe zu sein und zu platzen, daß der ganze Bau in Trümmer gegangen wäre."

„Wir wollen unsern guten alten Kaiser Wilhelm wiederhaben": Dahinter mag sich etwas wie Nostalgie verbergen, eine Sehnsucht nach der „guten alten Zeit". Nun war sie, wirtschaftlich betrachtet, so gut ganz gewiß nicht; wie schon erwähnt, erreichte in den zwei Jahrzehnten nach der Reichsgründung die deutsche Auswanderung nach Übersee ihren Höhepunkt. Und nicht der Übermut trieb die Menschen fort, sondern nackte Not hieß sie gehen, unterlegt von der Hoffnung auf ein besseres Leben, sei es auch erst für die Kinder oder die Enkel. Doch nicht wirtschaftlich ist der deutsche Spaß- und Zorngesang gemeint, sondern politisch. Gab es womöglich, verkörpert durch Wilhelm I., etwas Besonderes und Besseres als alles, was später kam, eine Art von Geborgenheit, die dann nie mehr erreicht wurde?

Diese Frage führt zur anderen und gewichtigen: Warum eigentlich mußte 1918 mit einer Person, die gewiß nicht mehr zu halten war, auch die altehrwürdige Institution stürzen? Ihr Prinzip ließe sich in die überlieferte Formel fassen: „Der König ist tot, es lebe der König!" – oder in die Abwandlung eines Stalinsatzes: Die Monarchen kommen und gehen, aber die Monarchie bleibt bestehen. Warum also ließ sich das Ende der Monarchie nicht abwenden? Oder warum mußten alle deutschen Regenten abdanken, die 1871 ihr „ewiges Bündnis" geschlossen hatten? Warum fielen mit den

Auch die vier Kaiserenkel wurden in sehr verschiedener Kostümierung auf Fotos festgehalten. Von rechts nach links: Wilhelm (1906–1940), Louis-Ferdinand (1907–), Hubertus (1909–1950), Friedrich (1911–1967). Die beiden Enkeltöchter Alexandrine (1915–) und Cecilie (1917–) waren zum Zeitpunkt der Aufnahmen noch nicht geboren.

Hohenzollern so alte Fürstenhäuser wie die Wettiner in Sachsen, die Wittelsbacher in Bayern oder die Welfen in Braunschweig?

Es ist seltsam: Kaum jemals ist diese Frage gestellt worden, und kaum jemand hat es für nötig befunden, sie zu untersuchen und zu beantworten, als sei mit der puren Tatsache des Sturzes bereits alles erklärt. Dabei handelte es sich doch wirklich um eine ehrwürdige Institution. Seit Menschengedenken waren die Deutschen an sie gewöhnt und hatten sich ihr gefügt, sei es mit Seufzen oder zufrieden. Noch Bismarck hatte in seinen „Gedanken und Erinnerungen" geschrieben:

„Die deutsche Vaterlandsliebe bedarf eines Fürsten, auf den sich ihre Anhänglichkeit konzentriert. Wenn man den Zustand fingierte, daß sämtliche deutsche

55

Wiesbaden   S. Maj. der Kaiser vom Morgenspazierritt ins Schloß zurückkehrend

Dynastien plötzlich beseitigt wären, so wäre nicht wahrscheinlich, daß das deutsche Nationalgefühl alle Deutschen in den Friktionen europäischer Politik völkerrechtlich zusammenhalten würden, auch nicht in der Form föderierter Hansestädte und Reichsdörfer. Die Deutschen würden fester geschmiedeten Nationen zur Beute fallen, wenn ihnen das Bindemittel verloren ginge, welches in dem gemeinsamen Standesgefühl der Fürsten liegt."

Das allerdings wurde 1918 eindeutig widerlegt. Die Deutschen haben auch als Republikaner den Zusammenhalt ihres Nationalstaates gewahrt. Und niemand hat sich zur Verteidigung der Dynastien aufgerafft, nicht einmal sie selbst. „Macht euren Dreck alleene!" soll bei seiner Abdankung der König von Sachsen gesagt haben, der nicht zuletzt dank solcher Sprüche bei seinen Landsleuten populär blieb. Im übrigen schien der Fürstensturz nur wenige Menschen zu bekümmern, sofern man – ausgerechnet! – von dem Sozialdemokraten Friedrich Ebert einmal absieht, der seinen Parteifreund Philipp Scheidemann zornesrot anfuhr, als dieser am 9. November eigenmächtig die Republik ausgerufen hatte. Nur wenige haben später – außer vielleicht in Gedankenspielen – die Wiederherstellung der Monarchie ernsthaft betrieben.

Aber warum nicht? Daß Monarchie und Demokratie sich nicht vertragen, wie es der klassischen, von Aristoteles bis Montesquieu selbstverständlichen Lehrmeinung entspräche, scheint historisch widerlegt oder überholt zu sein. In der neueren Geschichte Großbritanniens, Belgiens, der Niederlande, Dänemarks, Norwegens und Schwedens sind die beiden, auf den ersten Blick einander ausschließenden Staatsformen offenbar ein tragfähiges und dauerhaftes Bündnis eingegangen. Und auf besondere, manchmal geradezu dramatische Weise hat sich dieses Bündnis in der neuesten spanischen Geschichte bewährt. *Gemeinsam* haben der König und eine demokratisch gewählte Regierung die große Aufgabe bewältigt, an der sie jeweils auf sich allein gestellt wahrscheinlich gescheitert wären: das Land aus der Diktatur herauszuführen und jeden rückwärtsgewandten Putschversuch abzuwehren. Früher oder später scheint dagegen die Monarchie überall dort zum Untergang verurteilt zu sein, wo sie sich, wie in Italien, auf ein Bündnis mit der faschistischen Diktatur oder sonst mit autoritären Herrschaftsverhältnissen eingerichtet hatte, wie etwa im Iran oder in Äthiopien.

Welche Krankheit befiel die ehrwürdige Institution der Monarchie in Deutschland, was ließ sie jäh und ohne jede Aussicht auf Wiederkehr stürzen? Eine erste

Georg,
Erbgrossherzog v. Hessen.

57

Kaiser. Der König von Preußen aber geriet ebenso wie die Könige von Sachsen, Bayern und Württemberg in den Schatten der Geschichte, um von all den Großherzögen, Herzögen oder Fürsten von Oldenburg, Mecklenburg-Schwerin und Mecklenburg-Strelitz, Sachsen-Weimar, Sachsen-Meiningen, Sachsen-Altenburg und Sachsen-Coburg-Gotha, Schwarzburg-Rudolstadt und Schwarzburg-Sondershausen, Reuß ältere und Reuß jüngere Linie, Anhalt und Waldeck, Schaumburg-Lippe und Lippe nicht erst zu reden.

Wozu taugte dieses bunte, mitunter bizarre Gewimmel eigentlich noch, außer zum deutschen und europäischen Heiratsmarkt – oder allenfalls zur Bewahrung eines deutschen Reichtums, der Vielfalt seiner Theater, Opernhäuser, Orchester und Museen, die der Kleinstaaterei so viel zu verdanken hatte? Politisch jedoch handelte es sich eher um einen Merkposten deutscher Zerrissenheit als um ein Symbol der glücklich gewonnenen Einheit. Die wesentlichen Auseinandersetzungen fanden ohnehin nicht mehr im Fürstenorgan, dem Bundesrat statt, sondern im Volksorgan, dem Reichstag. Mit anderen Worten: Die Landesdynastien konnten vom Novembersturm des Jahres 1918 leicht und folgenlos weggefegt werden, weil es auf sie nicht mehr ankam.

Wie aber stand es um die Reichsdynastie des Hauses Hohenzollern, die Bismarck geschaffen und für die er – dem Anschein nach – eine so nachhaltige Wiederaufwertung des monarchischen Prinzips erreicht hatte? Zunächst muß man wohl sagen, daß dem Kaisertum von Versailles eines der wichtigsten Merkmale fehlte, das sonst Monarchien – jedenfalls die historisch standfesten – auszuzeichnen pflegt: die Aura eines ehrwürdigen Alters. So nüchtern betrachtet, wie in des Kanzlers kühl kalkuliertem Verfassungsentwurf „das Präsidium" sich darstellt, war sie als Produkt einer „Revolution von oben" brandneu und beinahe so traditionslos, wie das napoleonische Kaisertum als das Endprodukt der französischen „Revolution von unten".

Natürlich sollten auch Gefühle geweckt und Erinnerungen beschworen werden. Bewußt knüpften „Kaiser" und „Reich" an romantische Vorstellung vom Mittelalter, von einstiger Größe und Herrlichkeit an. Die Wiederkehr des Verlorenen bildete im 19. Jahrhundert ein Leitmotiv der nationalen Bewegung, in vielen Darstellungen populär gemacht, wie im „Barbarossa"-Lied von Friedrich Rückert:

*„Der alte Barbarossa,
der Kaiser Friederich,
im unterird'schen Schlosse
hält er verzaubert sich.*

*Er ist niemals gestorben,
er lebt darin noch jetzt;
er hat im Schloß verborgen
zum Schlaf sich hingesetzt.*

*Er hat hinabgenommen
des Reiches Herrlichkeit
und wird einst wiederkommen
mit ihr, zu seiner Zeit."*

Rückert schrieb sein Lied 1816 oder 1817. Er starb 1866 und hat die Wiederkunft von Kaiser und Reich nicht mehr erlebt. Nach 1871 aber verwandelten sich Sehnsucht und Sage in den Triumph der Erfüllung. Bewußt wurde der „Weißbart" Wilhelm I. aus dem Hause Hohenzollern, manchmal auch „Barbablanca" genannt, zum auferstandenen Rotbart-Barbarossa Friedrich I.

aus dem Hause Hohenstaufen stilisiert. Bloß als Beispiel sehe man sich die Ausmalung des Kaisersaales zu Goslar durch Hermann Wislicenus an – oder und vor allem das Kyffhäuser-Nationaldenkmal, das seit 1890 erbaut wurde. Hier, so hieß es bei der Grundsteinlegung, wo „fromme Sagen das Sehnen des Volkes nach Einigung der Nation und stolzer Kaiserherrlichkeit verknüpft hatten, soll sich das Standbild Kaiser Wilhelms erheben, der das Reich erneuert hat". Und so geschah's. 1896 folgte im Beisein Wilhelms II. die Einweihung des Monuments, das den schlafenden Barbarossa mit dem reitenden Wilhelm verband.

Unromantisch betrachtet hatte freilich „das Präsidium" des Bismarckstaates mit der Universalidee des mittelalterlichen Kaisertums so wenig zu tun, wie der moderne Nationalstaat mit dem Heiligen Römischen Reich. Überdies barg der altertümelnde Überschwang in seiner Verengung auf den Nationalismus des 19. Jahrhunderts Gefahren in sich, die – 1840 – schon Heinrich Heine sarkastisch geschildert hat:

„Sonderbar! trotz ihrer Unwissenheit hatten die sogenannten Altdeutschen von der deutschen Gelahrtheit einen gewissen Pedantismus geborgt, der ebenso widerlich wie lächerlich war. Mit welchem kleinseligen Silbenstechen und Auspünkteln diskutierten sie über die Kennzeichen deutscher Nationalität! Wo fängt der Germane an, wo hört er auf? Darf ein Deutscher Tabak rauchen? Nein, behauptete die Mehrheit. Darf ein Deutscher Handschuhe tragen? Ja, jedoch von Büffelhaut. Aber Biertrinken darf ein Deutscher, und er soll es als echter Sohn Germanias; denn Tacitus spricht ganz bestimmt von deutscher Cerevisia. Im Bierkeller zu Göttingen mußte ich einst bewundern, mit welcher Gründlichkeit meine altdeutschen Freunde die Proskriptionslisten anfertigten, für den Tag, wo sie zur

Herrschaft gelangen würden. Wer nur im siebenten Glied von einem Franzosen, Juden oder Slawen abstammte, ward zum Exil verurteilt. Wer nur im mindesten etwas gegen Jahn" – den „Turnvater" – „oder überhaupt gegen altdeutsche Lächerlichkeiten geschrieben hatte, konnte sich auf den Tod gefaßt machen, und zwar auf den Tod durchs Beil, nicht durch die Guillotine, obgleich diese ursprünglich eine deutsche Erfindung und schon im Mittelalter bekannt war..."

Das klingt nicht bloß komisch. Es klingt unheimlich – wenn man an das denkt, was ein Jahrhundert später in Deutschland geschehen ist. Dafür allerdings darf man das neudeutsche Kaisertum nicht verantwortlich machen. Ohnehin liegen seine Ursprünge eben nicht im Mittelalter oder gar in „altdeutschem" Wahn, sondern in der denkbar nüchternen Gestalt des preußischen Königtums.

Ihm müssen wir uns zuwenden, wenn wir verstehen wollen, was sich vollzog. Dieses Königtum begann im Jahre 1701 mit der Selbstkrönung Friedrichs I. Aber nicht er, sondern sein Sohn Friedrich Wilhelm I., der „Soldatenkönig", der 1713 den Thron bestieg, hat dem preußischen Königtum sein besonderes Profil, seine gültige Gestalt verliehen. Wollte man dafür einen Begriff finden, so müßte man wohl von der *tätigen* Monarchie sprechen. Denn aufs Tätig- und Tüchtigsein kam es Friedrich Wilhelm an; Luxus und Müßiggang erschienen dagegen als die Quelle aller Laster.

Folgerichtig fegte Friedrich Wilhelm sogleich und mit harter Hand beiseite, was vorher typisch gewesen war: all den Prunk oder Plunder barocker Hofhaltung, des glanzvoll kostspieligen Aufwandes und galanten Lebens. Den König selbst bekam man bald nur noch in der schmucklosen Uniform eines Obersten zu sehen. Sofern er überhaupt Vergnügungen kannte, waren es

Zu den Söhnen und Töchtern hat man auf dieser Aufnahme einfach den Schwiegersohn und drei Schwiegertöchter hinzugezählt. In der Mitte sitzt die Kronprinzessin, zu diesem Zeitpunkt noch künftige Kaiserin.

die schlichten eines Bürgers, das Männergespräch beim Bier, und die eines Landedelmanns, die Jagd. Im Alltag aber kam es darauf an, rastlos tätig zu sein, um in Staat und Gesellschaft jenes Bündel von Tugenden durchzusetzen, das wir seither als „typisch preußisch" oder, von Preußens Prägung seiner deutschen Gründung her, als „typisch deutsch" einzustufen gelernt haben: Ordnungssinn, Fleiß und Sparsamkeit, Arbeits- und Leistungsbereitschaft, die Pflichterfüllung im Dienst samt dem Gebot, auf keinen Fall wehleidig zu sein.

Das Erstaunliche, um nicht zu sagen Einzigartige der tätigen Monarchie wird im Vergleich sichtbar. Denn das Modell des Zeitalters für ein höfisches Leben, das die repräsentative Prachtentfaltung mit strenger Etikette verband, stammte aus Frankreich, aus Versailles, aus dem Sonnenkönigtum Ludwigs XIV., der noch regierte, als Friedrich Wilhelm sein Werk begann. Überall versuchten große und kleine Herrscher diesem Modell nachzueifern, und überall entstanden die großen barocken Schloßanlagen, die den Fürsten und seinen Hofstaat von den Bürgern distanzierten. Der einzige „Schloß"-Bau dagegen, den der Soldatenkönig sich gönnte, war das Jagdschloß Stern am Rande von Potsdam-Babelsberg. Es maß im Grundriß gerade neun mal sechzehn Meter. Der Form nach handelte es sich um ein niederländisches Bürgerhaus, das ohne aufzufallen auch in das „holländische" Viertel von Potsdam gepaßt hätte. Dort allerdings wurde für Handwerker gebaut.

Das Staunen des Zeitalters faßte ein Besucher in Worte, als er in Potsdam notierte: „Ich sehe hier einen königlichen Hof, der nichts Glänzendes und nichts Prächtiges hat als seine Soldaten. Es ist also möglich, daß man ein großer König sein kann, ohne die Majestät in dem äußerlichen Pomp und einem langen Schweif buntfarbiger, mit Gold und Silber beschlagener Kreaturen zu suchen. Hier ist die Hohe Schule der Ordnung und der Haushaltskunst, wo Große und Kleine sich nach dem Exempel ihres Oberhauptes mustern lernen." Im Rückblick muß man vielleicht sogar sagen: In Preußen bereitete sich etwas Neues, ein Sonderweg vor, eine königliche „Revolution von oben" wider die europäische Norm.

Aber alles kam dabei auf den Mann an der Staatsspitze an. Welch eine Arbeit, welche Erziehung mußte er leisten, Tag um Tag, Jahr um Jahr, lebenslang, gegen Trägheit, Unverständnis und Widerstand ringsumher! Die Gegenwehr begann bereits in der eigenen Familie, besonders bei Friedrich Wilhelms Gemahlin Sophie Dorothea. Die stolze Welfin aus dem Hause Hannover

Zweimal Kronprinz Wilhelm: als Kind und als Erwachsener.

Das Kaiserpaar demonstriert mit den Enkeln ein glückliches Familienleben, das in Wirklichkeit keineswegs so harmonisch war.

sah sich um die Erwartung geprellt, im Mittelpunkt einer glänzenden Hofhaltung zu stehen. So entwickelte sich ein bitterer Ehekrieg, zu dessen Hauptschlachtfeld der Sohn und Thronerbe geriet, weil jede der Parteien versuchte, ihn im eigenen Sinne zu beeinflussen und zu formen.

Und welch ein Gebirge von Aufgaben insgesamt! Ein moderner Staat braucht eine moderne Leistungselite. Da aber das Bürgertum durch den Dreißigjährigen Krieg tief und langfristig ruiniert worden war, ließ sie sich nur aus dem Landadel rekrutieren, der standesstolz und hartschädelig auf seinen Gütern saß. Ihm also mußte ein neues Ehrgefühl eingepflanzt werden, die Ehre des Dienens in Staat und Armee. In den verarmten Städten kam es darauf an, bei den Kaufleuten und in den Gewerben den Unternehmergeist anzutreiben oder überhaupt erst zu wecken. Wichtig schien in dem Agrarland Preußen erst recht, die Domänenverwalter, die Gutsherren und die Bauern zu besserem Wirtschaften zu überreden oder zu zwingen. Zugleich mußte man Kolonisten herbeirufen und dort ansiedeln, wo die Furien des Krieges oder – wie in Preußisch-Litauen – späte Züge der Pest das Land leergefegt hatten. Noch wichtiger und noch mühsamer war es, gegen Gleichgültigkeit, Verzopftheit, Ämterschacher und Bestechlichkeit einen modern organisierten Staatsapparat zu schaffen und ein verläßliches Beamtentum heranzubilden. Am allerwichtigsten war es für diesen König, seinem zerrissenen Land eine starke Armee zu schaffen.

Ins Bild gehört auch der Kampf um den Thronerben. Wenn der nämlich nicht annahm und weiterführte, was der Vater begann, war alles umsonst gewesen, eine Lebensleistung für nichts erbracht, als barbarischer Ausbruch aus den Normen höfischer Zivilisation womöglich dem Hohn preisgegeben. Die Methoden,

Das „Mutterglück" der Kronprinzessin Cecilie mit zweien ihrer Söhne.

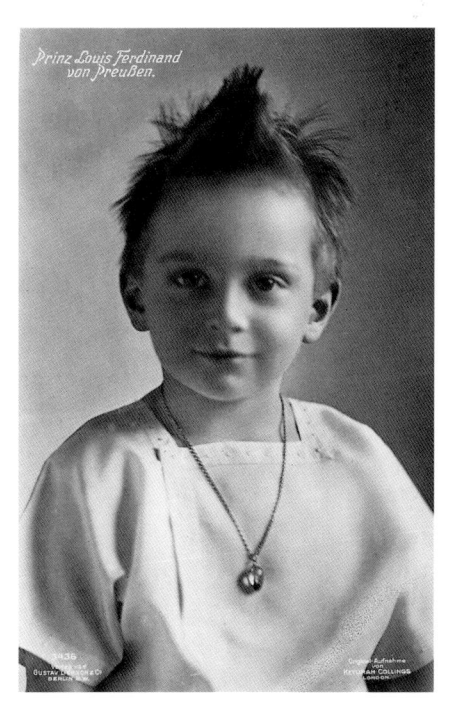

Prinz Louis Ferdinand mit sehr modern anmutendem Haarschopf.

mit denen der Vater seinen Sohn zum Preußen zu formen oder zu brechen versuchte, mögen brutal gewesen sein und uns noch im Rückblick schaudern lassen. Aber einige Mühe um Verständnis scheint dennoch geboten: Friedrich Wilhelm wurde nicht bloß von einem cholerischen Charakter getrieben, sondern von der Angst um sein Lebenswerk.

Insgesamt kann man sagen: Die preußische „Revolution von oben" stellte ganz unerhörte Anforderungen an den Mann, der die Willenskraft und Leistungsbereitschaft besaß, sie auszulösen und durchzusetzen. Denn nur bei der Anspannung aller Kräfte, im Lebenseinsatz seiner ganzen Person gab es eine Chance zum Gelingen. An den Freund und Exerziermeister seiner Armee, den Fürsten Leopold von Anhalt-Dessau, den „Alten Dessauer", schrieb Friedrich Wilhelm einmal: „Parol' auf dieser Welt ist nichts als Müh' und Arbeit." Das ließe sich als ein preußisches Staatsmotto – oder mehr noch als das preußische Königsprinzip begreifen.

Man könnte auch von einer Paradoxie sprechen. Einerseits war Friedrich Wilhelm I. ein durch und durch machtbewußter absolutistischer Herrscher. Andererseits stellt er sich als eine Art von Bürger-König dar. Das gilt für seine persönliche Lebensführung ebenso, wie für die Tugenden, die er durchzusetzen versuchte. Denn was sind Ordnungssinn, Fleiß, Sparsamkeit, Arbeits- und Leistungsbereitschaft anderes als die klassischen Bürgertugenden der Neuzeit, besonders in ihrer protestantisch-calvinistischen Prägung, die den Lehrbüchern gemäß die Revolution der Moderne bewirkt haben? Friedrich Wilhelm hatte in seiner Jugend die Niederlande besucht und dort erfahren, was solche Tugenden hervorzubringen vermögen: ein blühendes, im Vergleich zu dem rückständigen und armen Preußen unvorstellbar wohlhabendes Gemeinwesen.

Anders als in den Niederlanden gab es jedoch in Preußen kein selbstbewußt tatkräftiges Bürgertum. Es gab den Obrigkeitsstaat und seine Untertanen. Darum mußte hier, um die Revolution der Moderne zu bewirken, alle Tatkraft vom Staat ausgehen – und alles Selbstbewußtsein davon, ihm dienen zu dürfen. Darum wurden die Bürgertugenden preußisch verwandelt; darum haben sie nicht die staunenswerte Bürgergesellschaft geschaffen, sondern den staunenswerten Staat, für den nicht der Wohlstand zählte, sondern die Macht. Vielleicht sollte man noch hinzufügen, daß die königlich preußische Revolution von oben, indem sie neuzeitliche Bürgertugenden ebenso durchsetzte wie verstaatlichte, die Bürgerrevolution „von unten", wie sie 1789 in Frankreich losbrach, überflüssig gemacht – oder blockiert hat.

„Parol' auf dieser Welt ist nichts als Müh' und Arbeit": Auf seine Weise hat der Thronerbe Friedrich dann danach gehandelt und ist darüber zum „Großen" geworden. Er hat das preußische Königsprinzip geschildert, wenn er sagte: „Unser Staat braucht einen Herrscher, der alles mit eigenen Augen sieht und selbst regiert. Wollte es das Unglück, daß es anders würde, so ginge alles zugrunde. Nur durch emsigste Arbeit, beständige Aufmerksamkeit und viele kleine Einzelheiten kommen bei uns die großen Dinge zustande." Vor allem hat Friedrich die preußische Parole neu und glanzvoll formuliert: „Es ist nicht nötig, daß ich lebe, wohl aber, daß ich meine Pflicht tue."

Zumindest als Norm, als Ideal hat sich das durchgesetzt, denn immerfort ist es später zitiert und schon den Schulkindern eingeimpft worden, als sei es ein Religionsersatz, die Sinnerfüllung preußisch-deutschen Wesens. Nicht zuletzt hat die borussische Geschichtsdarstellung daraus einen Maßstab für die historische

Auch wenn es nicht so aussieht, diese „Mädchen" sind die Kaiserenkel

69

Kronprinz Wilhelm (1882–1951).

gen Unsicherheit samt dem Gefühl, daß die Arbeit allein zur Begründung der monarchischen Position nicht genüge. Denn das allerdings ist die Frage: Arbeitsbereitschaft und Leistung stellen im Grunde die typisch bürgerlichen Maßstäbe dar. Sie taugen dazu, einen Manager zum Vorstandsvorsitzenden seines Konzerns zu berufen, aber taugen sie auch für Könige?

Der Bürger-Revolutionär auf dem Thron, Friedrich Wilhelm I., mochte eine einzigartige Persönlichkeit sein und dem selbstgesetzten Maßstab des Tätig- und Tüchtigseins nicht nur genügen, sondern ihn geradezu verkörpern. Zudem fand er in seinem Sohn Friedrich den „würdigen successor": einen Nachfolger, der den Vater noch übertraf. Gemeinsam haben die beiden großen Könige des 18. Jahrhunderts das klassische Preußen geschaffen – und, eben damit, dessen Maßstab so mächtig wie dauerhaft werden lassen. Aber die Monarchie beruht auf dem Erbprinzip, das die Weitergabe persönlicher Leistungen leider nicht verbürgen kann. Drastisch ausgedrückt: Daß jemand der älteste Sohn seines Vaters ist, garantiert schwerlich, daß es sich nicht um einen ausgemachten Trottel oder Bruder Leichtfuß handelt, der den Hof, die Firma, den Staat ruiniert.

Tatsächlich nehmen sich die Nachfolger Friedrichs des Großen mehr oder minder dürftig, zumindest durchschnittlich aus. Der Rang, den der alte Kaiser Wilhelm in der Erinnerung behauptet, beruht gerade nicht auf seinen eigenen Leistungen, sondern darauf, daß er die Größe aufbrachte, auf sie zu verzichten, als er Bismarck berief und fortan regieren ließ. Wilhelm II. dagegen sprach sich selbst das Urteil, als er sich friderizianisch stilisierte und den Eindruck erweckte, als hinge das Wohl und Wehe der Nation von seiner Tüchtigkeit ab. Ein Vorstandsvorsitzender, der versagt und sein Unternehmen in die Verlustzone treibt, wird schleu-

Wilhelm II. als alter Mann im Exil, zuletzt fast vergessen.

nigst entlassen. In solcher Perspektive war es nur folgerichtig, daß der Kaiser abdanken mußte, als aus den „herrlichen Tagen", zu denen er die Deutschen führen wollte, die Katastrophe des Krieges und die Bitterkeit der Niederlage geworden waren.

Gedanken über eine ehrwürdige Institution

Kaiser Wilhelm II.

Produktionsweise war dagegen die erste Existenzbedingung aller früheren industriellen Klassen. Die fortwährende Umwälzung der Produktion, die ununterbrochene Erschütterung aller gesellschaftlichen Zustände, die ewige Unsicherheit und Bewegung zeichnet die Bourgeoisepoche vor allen anderen aus. Alle festen, eingerosteten Verhältnisse mit ihrem Gefolge von altehrwürdigen Vorstellungen und Anschauungen werden aufgelöst, alle neugebildeten veralten, ehe sie verknöchern können. Alles Ständische und Stehende verdampft, alles Heilige wird entweiht, und die Menschen sind endlich gezwungen, ihre Lebensstellung, ihre gegenseitigen Beziehungen mit nüchternen Augen anzusehen."

Unser Kaiserpaar mit Prinzessin Victoria Luise nebst Gefolge beim Spazierritt im Berliner Tiergarten.

In der radikalen Ernüchterung bleibt vom Erbprinzip bloß noch das Biologische – und damit das Absurde: „Der König teilt das mit dem Pferd, daß, wie dieses als Pferd, so der König als König geboren worden wird... Der höchste konstitutionelle Akt des Königs ist daher seine Geschlechtstätigkeit, denn durch diese macht er einen König und setzt seinen Leib fort. Der Leib seines Sohnes ist die Reproduktion seines eigenen Leibes, die Schöpfung eines königlichen Leibes."

Sieht man es so, dann bleibt als logische Schlußfolgerung eigentlich nur, daß mit der bürgerlichen Revolutionierung aller gesellschaftlichen Verhältnisse die Monarchie „verdampft" und früher oder später auf den Schrotthaufen der Geschichte befördert wird, weil sie

Die Hochzeit von Louis Ferdinand mit Kira Kirillowa, Großfürstin von Rußland, 1938 in Doorn.

unwiderruflich „entweiht" ist. Damit wäre die überdauernde Monarchie bloß noch als ein seltsamer, im besten Falle liebenswerter Anachronismus anzusehen. Es gäbe für sie keinerlei Rechtfertigung mehr, und sie würde einzig von der Neigung der Menschen und Völker bewahrt, sich romantisch-märchenhafte Erinnerungen oder nichtigen Luxus etwas kosten zu lassen – im Grunde kaum anders als den Besuch in Neuschwanstein oder in den „Erlebnisparks", die sich mit dem Namen Walt Disneys verbinden. „Das sind *unsere* ‚Rolling Stones'!" antwortete in den sechziger Jahren eine ältere Dame auf die Reporterfrage, warum sie sich als Zuschauerin bei einer Fürstenhochzeit eingefunden habe. Kaum zufällig leben von der Touristikindustrie bis zur „Regenbogen"-Presse ganze Wirtschaftszweige davon, daß sie in durchweg nüchternen oder banalen Verhältnissen unsere romantischen Bedürfnisse befriedigen.

Aber dürfen wir es uns wirklich so einfach machen und die politische Bedeutung der in Teilen Europas noch immer bestehenden Monarchien ebenso hinwegerklären, wie die Dynastie des Tenno in dem sonst doch exemplarisch modernen Japan? Beruht die Sichtweise eines Karl Marx – wie auch die radikale Religionskritik des 19. Jahrhunderts seit Feuerbach, die Marx übernahm – womöglich auf einer preußisch-deutschen Blickfeldverengung, die dem Ehrwürdigen und dem Heiligen nur noch mit „Entmythologisierung", mit seiner Entlarvung glaubt beikommen zu können?

Das sind schwierige Fragen. Zu ihrer Beantwortung mag uns der Brite Walter Bagehot helfen, der im Jahre 1867 sein berühmtes Buch „The English Constitution" (deutsch: „Die englische Verfassung", zuletzt 1971) veröffentlichte. Bagehot unterscheidet im modernen Verfassungsstaat zwei politische Grundelemente und zwei Arten von Institutionen. Die einen nennt er „efficient", die anderen „dignified". Man könnte dies mit „leistungsbezogen" und „ehrwürdig" übersetzen oder von Institutionen der Macht und Institutionen des Vertrauens sprechen. Zur Sache gehört auch die Organisation des Konflikts und die Repräsentation der Einheit.

Das Parlament – in Großbritannien das Unterhaus – stellt eine leistungsbezogene und die zur Gesetzgebung ermächtigte Institution dar, in der zugleich die Konflikte zwischen der Mehrheit und der auf Zeit zwar ohnmächtigen, aber auf die Übernahme der Macht angelegten, um sie kämpfenden Opposition ausgetragen werden. Erst recht ist natürlich die von der Mehrheit getragene Regierung eine mächtige Institution, die mit Fug an ihren Leistungen gemessen wird. Die Monarchie dagegen repräsentiert jenseits aller Konflikte die Einheit der Nation, ihren Ursprung und ihre Kontinuität in

Unser Kaiser und sein ältester Enkel.

Der älteste Enkel von Wilhelm II. hieß ebenfalls Wilhelm (1906–1940) und war der Sohn von Kronprinz Wilhelm.

der Geschichte. Sie nimmt, mit anderen Worten, eine symbolische Funktion wahr.

Das ist nicht wenig und keineswegs etwas Überflüssiges, mit dessen Beseitigung man Zeit und Geld sparen könnte. Die symbolische Funktion wird im Gegenteil immer wichtiger, wenn das Zeitalter der Demokratie beginnt und die Parlamentsherrschaft sich durchsetzt. Denn in einer Epoche, in der – durchaus im Sinne von Marx – die Verhältnisse und Vorstellungen nicht mehr aufs Bewahren des Hergebrachten, sondern auf die Zukunft, aufs immer raschere Verändern angelegt sind, geht auch die Macht immer schneller von Hand zu Hand, von Gruppe zu Gruppe und von Mehrheit zu Mehrheit, je nach dem Wechsel der wirtschaftlichen Umstände oder der geistigen, manchmal bloß modischen Strömungen, kurz der gesellschaftlichen Kräfte, die sich in Verbänden und Parteien organisieren und zum Konflikt gegeneinander antreten.

Die Konflikte sind durchaus kein Übelstand, der beseitigt werden muß, sondern sie gehören als Lebenselement zur offenen Gesellschaft und zur Demokratie, weil sie vor der Verkrustung bewahren und den Wandel bewirken, ohne den es jetzt kein Überdauern mehr gibt. Aber friedlich und zivilisiert, ohne Panik, die dann in Aggression umschlägt, können Konflikte nur ausgetragen werden, wenn zugleich eine übergeordnete Einheit gewahrt wird, wenn etwas bleibt, das Vertrauen und jene „Identität" stiftet, nach der wir hierzulande immerfort rastlos und ohne Rat suchen. Eben diese Einheit oder Identität, das Überdauern im Wandel macht die Monarchie sinnfällig, die damit gewissermaßen zum Widerlager des demokratischen Machtkampfes aufrückt.

Übrigens zeigt sich die Bedeutung symbolischer Institutionen besonders deutlich im Krisenfalle. Um das im Beispiel wenigstens anzudeuten: Kaum ein Niederländer, der die Jahre der deutschen Besetzung im Zweiten Weltkrieg miterlebt hat, vermag noch anzugeben, wer die Männer waren, die damals die Exilregierung in London bildeten – verständlich genug: Jede Regierung ist nun einmal eine machtbezogene, zum Handeln berufene Institution. Darum wirkt sie wenig eindrucksvoll, wenn sie ins Exil getrieben wird und ihr kaum mehr etwas zum Regieren bleibt. Aber jeder erinnert sich an die Königin Wilhelmina und an ihre Rundfunkansprachen. Denn die Königin verkörperte das Haus Oranien – und das Haus Oranien geschichtsträchtig den Ursprung der Nation im Freiheitskampf gegen Habsburg-Spanien. Daraus wuchs eine Hoffnung aufs Überstehen und auf die Wiederkehr der Freiheit, auf den Sieg im scheinbar aussichtslosen Kampf gegen Fremdherrschaft und Unterdrückung. Ähnlich ist König Hakon VII. für die Norweger zum Symbol geworden, ähnlich – obwohl im Lande verblieben – König Christian X. für die Dänen.

Im Normalfall des Friedens, im demokratischen Alltag geht es gottlob weit weniger dramatisch zu, aber ein gleichsam zum Bestandteil des Alltäglichen geronnenes Stück Krise gehört angesichts reißender Veränderungen und im Blick auf die unabsehbar offene Zukunft zur freiheitlichen Ordnung immer dazu. Es ist daher nicht paradox, sondern im Gegenteil folgerichtig, daß die Länder im Norden und Nordwesten Europas, denen Funktionentrennung und Zusammenwirken von Monarchie und Demokratie zeitgerecht gelungen sind, den schwierigen Weg von vormodernen zu modernen Verhältnissen in der Regel mit weniger Erschütterungen oder gar politischen Katastrophen bewältigt haben als andere Länder.

Ein weiteres Beispiel mag die Bedeutung des Rituals und die mit ihm verbundene Heiligung anschaulich machen. Bis tief in die Neuzeit hinein, bis zur Schwelle der Revolution, ja nach der Unterbrechung eines Vierteljahrhunderts bis 1825 heilen die französischen Könige bestimmte Krankheiten – besonders die Skrofeln – durch rituelles Handauflegen, während sie sagen: „Le roi te touche, Dieu te guérisse." Eine beziehungsreiche Verbindung: Gott heilt durch die Berührung des Königs. Ähnlich in England; aus der Regierungszeit Karls II. wird von annähernd hunderttausend Heilungen berichtet. Warum auch nicht? Hier wie so oft ist es der Glaube, der die Berge versetzt. Nur muß es sich um eine ehrwürdige Monarchie und um ein unvordenklich altes Ritual handeln; im aufgeklärten Preußen kann man sich Friedrich den Großen bei derlei Praktiken wirklich nicht vorstellen.

Das Ritual kann mitunter die Person des Herrschers derart dicht umstellen oder sogar zuwuchern, daß kaum mehr Raum bleibt für ein eigenes, zweckgerichtet rationales Handeln, wie es dem modernen Verständnis als das eigentlich oder einzig wichtige erscheint, auch oder gerade im Feld des Politischen. Man denke an das chinesische Kaisertum, an die Figur des Tenno in Japan und an andere asiatische Kulturen. Der Herrscher nimmt sich aus wie eine Marionette an den Fäden des Rituals; an seinen „richtigen" Bewegungen und Worten hängt das Heil, die Gunst des Himmels und der Götter. Nichts darf sich verändern; ungewohnte Worte oder Bewegungen wären die „falschen" und müßten den Fluch, das Unheil heraufbeschwören.

Aber dieser Anschein von Starrheit ermöglicht die Kontinuität, weil das Individuelle der Person weit in den Hintergrund gedrängt, ja beinahe ausgelöscht wird. Und gerade darauf kommt es an. Walter Bagehot hat mit Recht gesagt, daß Könige in der Regel nur Durchschnittsmenschen seien – und zwar durch die Umstände ihrer Erziehung und ihres Lebens beschädigte Durchschnittsmenschen; an ihrem Leistungsvermögen gemessen müßten viele oder die meisten womöglich als Versager eingestuft werden. Doch in die überlieferten Regeln des Rituals, die nichts Eigenes verlangen, kann jeder sich einfügen, auch der Schwächere oder vielleicht gerade der Schwächere. Inzwischen mögen andere als Hausmeier, Minister oder Feldherren das zweckgerichtete Handeln übernehmen – Leute, die sich als tüchtig erweisen oder die man köpfen kann, wenn sie versagen.

Natürlich ist nicht auszuschließen, daß es kluge Könige gibt. Aber ihre Klugheit darf niemanden übertrumpfen wollen. „Tatsächlich besteht dauernder Anlaß dafür, daß der klügste König und einer, der sich seiner Klugheit am sichersten ist, von ihr nur sehr zögernd Gebrauch macht", heißt es bei Bagehot. Der weise Monarch stellt sein Licht unter den Scheffel. Diese Weisheit fehlte Wilhelm II. ganz und gar; seine vielseitigen Begabungen schlugen ihm zum Unheil statt zum Heil aus, weil er niemals verstand, sie zu zügeln.

Eher wahrscheinlich als unwahrscheinlich ist es im übrigen, daß ein Monarch in der Dauer seiner Regentschaft weit mehr Erfahrungen ansammelt als die rasch wechselnden Regierungen. Wie viele Premierminister hat die britische Königin Elisabeth II. schon kommen und gehen sehen? Doch selbst die Erfahrungen dürfen nur sparsam und vor allem nur sehr diskret eingesetzt werden. Wiederum Bagehot: „In einer konstitutionellen Monarchie wie der unsrigen besitzt der Souverän drei Rechte – das Recht konsultiert zu werden, das Recht zu ermutigen und das Recht zu warnen."

Fragen im Rückblick

Bertrand Russell, später als Philosoph so berühmt wie als Kämpfer für den Frieden, besuchte im Jahre 1895 Deutschland. Der junge Mann aus gutem englischem Hause interessierte sich nicht für die Reichen und Mächtigen, für Gelehrsamkeit, Kunst oder den technischen Fortschritt, sondern für die Arbeiterbewegung. Ein Jahr später schrieb er sein erstes, der deutschen Sozialdemokratie gewidmetes Buch. Im Schlußteil wagte er einen Blick in die Zukunft:

„*Wenn* die Sozialdemokraten ihre kompromißlose Haltung aufgeben können, ohne an Stärke einzubüßen; *wenn* andere Parteien, diese Veränderung wahrnehmend, einen versöhnlicheren Ton anschlagen; und *wenn* ein Kaiser oder Kanzler auftauchen sollte, der weniger kompromißlos feindlich gegen jeden Fortschritt an Zivilisation oder Freiheit ist als Bismarck oder Wilhelm II. – wenn alle diese glücklichen Umstände eintreten sollten, dann mag Deutschland sich auf friedlichem Wege, wie England, zu einer freien und zivilisierten Demokratie entwickeln. Wenn aber nicht, wenn die Regierung und die anderen Parteien ihre derzeitige bigotte Verfolgung fortsetzen, dann scheint es keine Macht zu geben, die das Anwachsen der Sozialdemokraten stoppen oder ihre kompromißlose Opposition mildern könnte... Für alle jene aber, die die derzeitige gespannte Feindschaft zwischen Reich und Arm in Deutschland auf friedlichem Wege vermindert sehen möchten, kann es nur eine einzige Hoffnung geben: daß die herrschenden Klassen zu guter Letzt ein gewisses Maß an politischer Einsicht, an Mut und Großzügigkeit zeigen werden. Sie haben in der Vergangenheit nichts davon gezeigt, und sie zeigen im Augenblick wenig davon; aber Furcht mag sie einsichtig machen, oder neue Männer mit einem besseren Geist mögen heranwachsen.

Seite 93: Kaiser Wilhelm II. und sein Kanzler.

94

Der Kaiser im Felde. Am Kartentisch.

Einstellung der Verfolgung, vollständige und uneingeschränkte Demokratie, absolute Koalitions-, Rede und Pressefreiheit – sie allein können Deutschland retten, und wir hoffen ganz inständig, daß die deutschen Herrscher sie gewähren werden, ehe es zu spät ist. Tun sie es nicht, so sind Krieg und eine Auslöschung des nationalen Lebens das unvermeidbare Schicksal des deutschen Kaiserreiches."

Für einen gerade erst vierundzwanzigjährigen Studenten war das eine bemerkenswerte Einsicht und Weitsicht. Sie lädt zur Frage nach dem historisch Möglichen ein. Was wäre gewesen, *wenn...* – wenn es zum Beispiel einen anderen Kaiser gegeben hätte? Darf man vermuten, daß der Krieg und der Sturz erst der Monarchie, dann der Deutschen in den Abgrund ihrer Geschichte sich hätten abwenden lassen?

Die Frage ist so abwegig nicht, denn es gab diesen anderen Kaiser. Friedrich I., im Jahre 1831 geboren, hätte nach Wilhelm I. statt der neunundneunzig Tage vielleicht zwanzig oder sogar dreißig Jahre regieren können, *wenn* der Kehlkopfkrebs seinem Leben nicht ein vorzeitiges Ende gesetzt hätte.

Friedrich dachte liberal, und er stand unter dem Einfluß seiner Frau, der englischen Prinzessin Viktoria. Mit ihr kehrte – vermittelt durch den Vater Albert, den Prinzgemahl der Königin Victoria – gewissermaßen das Haus von Sachsen-Coburg und Gotha aus einem politisch modernen Europa nach Deutschland zurück. Nicht nur in Großbritannien, sondern auch in Belgien verdankte dieses Haus seinen Erfolg der Tatsache, daß es die Zeichen der Zeit erkannte und den Abschied der Monarchie von der Macht nicht als Kränkung, sondern als Chance begriff.

Läßt sich also eine coburgisch-englische Entwicklung des Kaiserreichs vorstellen? Auch ohne Eingriff in die Verfassung hätte der Kaiser nur den Politiker als Reichskanzler einsetzen und entlassen müssen, der die Mehrheit des Reichstages gewann oder verlor. Und er hätte diesen Kanzler regieren lassen müssen, ohne sich einzumischen. Gleichsam unter der Hand wäre damit ein parlamentarisches Regierungssystem und eine angemessene Funktionenteilung zwischen den „ehrwürdigen" und den „machtbezogenen" Institutionen entstanden. Und im Ablauf der Zeit wäre aus der politischen Praxis vielleicht ein Gewohnheitsrecht geworden, das kein Nachfolger auf dem Thron mehr hätte umstoßen können.

Zur Gewißheit darf man solche Vorstellungen allerdings nicht verkehren. Die Parteien, in ihren weltanschaulich befestigten Lagern verschanzt, waren schlecht oder gar nicht darauf vorbereitet, Verantwortung zu übernehmen und aus den Mehrheiten des Augenblicks zuverlässige Koalitionen zu schmieden. Das Wehegeschrei aller konservativen Kräfte wäre so groß gewesen wie ihr Widerstand. Und dem Kaiser selbst wäre womöglich sein fürstliches Selbstbewußtsein in die Quere geraten, das zurückverwies auf die preußisch-deutschen Traditionen einer mächtigen Monarchie. Immerhin hätte er seine Macht wohl genutzt, um den Schlachtflottenbau zu verhindern, den Wilhelm II. und Tirpitz betrieben. Er hätte die Verbindung mit England gesucht, und mit seinem Schwager Eduard VII. hätte er sich wahrscheinlich verstanden, der dann – in tiefer persönlicher Abneigung gegen den deutschen Neffen – zu einem Gegenspieler der wilhelminischen Machtpolitik geworden ist.

Am Ende bleibt uns freilich die Einsicht, daß wir zwar spekulieren, aber nicht wissen können, wie die Geschichte unter anderen Umständen verlaufen wäre. Diese Umstände weisen über das hinaus, was wir selbst noch vermögen; manchmal haben sie mit der Gesundheit oder der Krankheit, mit dem Leben oder Sterben eines einzigen Menschen zu tun. Je nach unserer Neigung sprechen wir vom Schicksal oder Zufall; in beidem werden wir gemahnt, uns nicht zu überschätzen.

Im Rückblick stellen sich zwei weitere Fragen: Hätte die Monarchie über den Zusammenbruch von 1918 hinweg gerettet werden können – und hätte sie die deutsche Katastrophe, hätte sie Hitler verhindert? Die erste Antwort kann nur ein eindeutiges Nein sein. Viel zu tief war die ehrwürdige Institution durch das „persönliche Regiment" Wilhelms II. in Verruf geraten; niemand mehr hielt sie für fähig, Vertrauen zu stiften und über den Parteien die Einheit der Nation zu verkör-

Auch Kronprinz Wilhelm hatte seine Thronrechte abgetreten und konnte dafür 1923 aus dem Exil nach Deutschland zurückkommen. Seine Vorliebe für Uniformen glich der seines Vaters.

pern. Es kam hinzu, daß das Bild des Thronerben, des Kronprinzen Wilhelm, sich womöglich noch finsterer malte als das seines Vaters; mit diesem Sohn verglichen, stellte sich der Kaiser beinahe wie ein Ausbund von Weisheit, Mäßigung und Friedensliebe dar. Kein Demokrat hat darum die Wiederherstellung der Monarchie ernsthaft betrieben. Folgerichtig blieben Träume von der Restauration, soweit es sie überhaupt gab, den Feinden der Republik überlassen; stets liefen sie auf eine Beschädigung oder Zerstörung des parlamentarischen Systems zugunsten eines autoritären Regimes hinaus. Das gilt auch für Gedankenspiele im Umkreis des Reichspräsidenten Hindenburg und des Reichskanzlers Brüning in der Weimarer Spätzeit.

Seltsam wirkt allerdings, was die Weimarer Nationalversammlung als Verfassungsordnung erdachte. Man wollte die parlamentarische Demokratie, aber man mißtraute dem Parlamentarismus. Daher schuf man in der Figur des Reichspräsidenten eine Art von „Ersatzkaiser", für den Fall des Notstandes mit einer Machtfülle ausgestattet, die in mancher Hinsicht über die Befugnisse des „Präsidiums" in Bismarcks Verfassung des Kaiserreiches noch hinausführte. Wer darf darum die Deutschen tadeln, wenn sie das Amt des Reichspräsidenten tatsächlich so sahen, wie es angelegt war? Sobald sie selbst die Wahl hatten, gaben sie durchaus konsequent dem Mann ihre Stimme, der als kaiserlicher Feldmarschall dem Bild vom Ersatzkaiser am genauesten entsprach. Oder wen darf es erstaunen, daß zur Erinnerung an das denkwürdige Ereignis im April 1925 eine Münze geprägt wurde, deren eine Seite der Ausspruch Hindenburgs zierte, der es wert schien, den Kindern und Enkeln überliefert zu werden? Der Satz las sich als Programm oder Parole wider das bestehende

Die Silberhochzeitsfeier des Kronprinzenpaares in Doorn.

System: „Für das Vaterland beide Hände, aber nichts für die Parteien."

Gewiß mag man sagen, daß die Weimarer Republik ihre frühen Krisenjahre ohne die Notstandbefugnisse des Reichspräsidenten kaum überstanden hätte; Ebert hat sie vielfach gebraucht. Bedenklich war jedoch, daß es sich nicht um Übergangsregelungen handelte, sondern um den Kern der Verfassung. Die Parteien, auch die demokratischen, blieben bei ihrer schlechten, noch aus dem Kaiserreich stammenden Gewohnheit, die Verantwortung zu scheuen und im Krisenfalle sich wegzuschleichen, weil es doch jemanden gab, dem man die Macht überantworten konnte. Genau damit aber ist man über Hindenburg schließlich zu Hitler gelangt.

Die Kaisersöhne beim „Stahlhelm", dem 1918 gegründeten konservativen Zusammenschluß von Soldaten des Ersten Weltkrieges.

Eine Antwort auf die zweite Frage fällt weit schwerer, doch man darf spekulieren: Wie wäre die Geschichte verlaufen, wenn es gelungen wäre, Kontinuität zu sichern, wenn man etwa den Prinzen Max von Baden als einen Statthalter der Monarchie, als den Treuhänder-Regenten eingesetzt hätte? Der Übergang zum parlamentarischen System wurde unter seiner Kanzlerschaft bereits vollzogen, zu spät freilich, um den Sturz der Monarchie abzuwenden: am 28. Oktober 1918. Unterstellen wir jedoch, daß es diese Regentschaft gegeben hätte, so ist es kaum noch absurd, sich als zweiten Schritt die Entwicklung einer neuen, badisch-liberalen Nationaldynastie vorzustellen. Ehrwürdig angestammt darf man das Haus Zähringen ohnehin nennen; es

Prinz Eitel Friedrich, August Wilhelm, Oskar und Wilhelm von Preußen beim Stahlhelm.

reicht weit tiefer in die Geschichte zurück, als das Haus Hohenzollern.

Hätte nun ein Bündnis von Monarchie und Demokratie die Republik stabilisieren und Hitler verhindern können? Wieder müssen wir spekulieren, ohne Gewißheit zu finden, aber manches spricht dafür. Als Institution schlägt die Monarchie eine Brücke zur Vergangenheit, über Gräben hinweg, und über diese Brücke hätten wahrscheinlich viele gehen können, die den Weg zur Republik niemals fanden.

In seinen „Anmerkungen zu Hitler" hat Sebastian Haffner geschrieben: „Die Hindenburgwahl war für die Republik ein Glücksfall und gab ihr die einzige Chance, die sie je hatte. Denn mit dem Weltkriegsheros und kaiserlichen Feldmarschall an der Spitze sah die Republik für die Rechte, die sie bis dahin eisern abgelehnt hatte, plötzlich akzeptabel aus; etwas wie eine Versöhnung bahnte sich an." Das mag uns als anstößig erscheinen, weil wir die „Machtergreifung" von 1933 schon kennen. Haffner selbst gibt zu, daß sich die Chance zerschlug. „Als 1928 die Rechtsregierung die Wahlen verlor und, zum ersten Mal seit 1920, ein Sozialdemokrat wieder Reichskanzler wurde, war alles schon wieder vorbei. Die Konservativen ... gingen wieder auf stramm antirepublikanischen Kurs, selbst das katholische Zentrum ... redete jetzt von der Notwendigkeit eines autoritären Regimes, und im Reichswehrministerium begann ein politisierender General – von Schleicher –, Staatsstreichpläne zu schmieden."

Ein Monarch jedoch, weil er die Institution und damit die Kontinuität verkörpert, hätte wahrscheinlich stärker und dauerhafter wirken können als jede Einzelperson. Vor allem hätte er wohl die Reichswehr gebunden. Noch einmal sei an das spanische Beispiel erinnert: Der König und nur er allein war fähig, die Armee zu dis-

eines kurzfristigen Denkens. Man muß gar nicht erst an Rohstoff- und Energievergeudung, ans Schuldenmachen oder an die Naturzerstörung erinnern; ganz allgemein droht eine Auflösung von Geschichte und Zukunft, wenn wir uns von den Problemen des Augenblicks überwältigen lassen.

Ein Gemeinwesen, das den Stürmen der Zeit standhalten soll, braucht Vertrauen zu seinem Gang durch die Zeiten. Es braucht Identität durch Kontinuität. Wie der Engländer Edmund Burke vor mehr als zwei Jahrhunderten gesagt hat, geht es um eine derart umfassende Partnerschaft, daß ihre Ziele „nicht in vielen Generationen erreicht werden können. Daher handelt es sich um eine Partnerschaft nicht allein zwischen den Lebenden, sondern zwischen denen, die leben, denen die gestorben sind, und denen, die erst noch geboren werden sollen."

Eine Monarchie ist das Symbol der Kontinuität, der Dauer im reißenden Wandel; sie ergänzt das kurzfristige Denken durch eine langfristige Perspektive. Steckt darum hinter der seltsamen Faszination, die Könige und Königinnen, Prinzen und Prinzessinnen auf moderne Menschen und sogar auf eingefleischte Republikaner ausüben, mehr als nur das Bedürfnis nach romantischem Glanz über einem banalen Alltag?

Um den Mißverständnissen vorzubeugen: Dies ist kein Plädoyer dafür, das Verlorene zurückzurufen. Die einmal zerstörte Monarchie kann man unter demokratischen Bedingungen nicht wiederherstellen. Denn jeder Versuch dazu würde genau die Konflikte heraufbeschwören, denen die Institution entzogen sein muß, wenn sie ihre Funktion erfüllen soll. Zur Demokratie gehört das Wahlprinzip, das die zeitliche Begrenzung, die Konkurrenz und damit die Möglichkeit der Wiederwahl oder der Abwahl einschließt, zur Monarchie das

Die einzige Kaisertochter Viktoria Luise mit ihrer Familie in den zwanziger Jahren. Ihre Tochter Friederike wurde die Mutter des heutigen Exilkönigs von Griechenland Konstantin.

Erbprinzip, das die Konkurrenz und die Wahl ausschließt. Darum können wir Personen wählen, nicht Dynastien. Auch das spanische Beispiel kann hier nicht geltend gemacht werden. Nicht Demokraten haben den König gewählt, sondern – Ironie der Geschichte! – die Diktatur hat vererbt, was die Demokraten dann brauchten, um die Wiederkehr der Diktatur zu verhindern.

Es trifft also zu, daß wir uns mit dem Unvollkommenen abfinden müssen. Und warum denn nicht? Das Vollkommene ist für Menschen nicht gemacht, und aus bitterer Erfahrung sollten wir wissen, daß die Gewalt, die das Beste erkämpfen will, in die Barbarei mündet. Wir dürfen uns glücklich nennen, wenn wir das Zweitbeste erreichen.

Die Sprache der Bilder

Heinrich von Stephan, 1885 für seine Verdienste geadelt, war ein bedeutender Mann und der erste Generalpostmeister des Bismarckreiches. 1874 gründete er den Weltpostverein. Schon vier Jahre vorher, gerade rechtzeitig zur Geburt des Deutschen Reiches, führte er neben dem Brief, den es immer schon gegeben hatte, eine Weltneuheit ein, die Postkarte.

Sie trat rasch ihren Siegeszug an, denn sie vereinte zwei Vorzüge. Zunächst einmal war sie preiswert. In den goldenen Jahren vor dem Ersten Weltkrieg, als man das Schreckenswort „Inflation" noch nicht kannte, wurde sie reichsweit für nur fünf Pfennige befördert. (In der Weimarer Republik waren dann unerhörte acht Pfennige zu zahlen; später kam man mit sechs Pfennigen fast wieder an den Vorkriegsstandard heran.) Zum anderen mußte man sich nicht mehr mit der Mühsal wohlgeformter Epistel plagen, wie einst der Apostel Paulus, wenn er an die Römer oder die Korinther schrieb. Man durfte sich knapp und klar aufs Wesentliche konzentrieren, wie der begrenzte Raum es gebot: „Lieber Franz! Ich bin wohlbehalten in Berlin angekommen. Hier wimmelt es von Menschen, wie bei uns von Ameisen im Ameisenhaufen, und es regnet. Gruß und Kuß, Deine Elfriede."

Zwar verlor die Postkarte den diskreten, sozusagen aristokratischen Charakter eines wohlverschlossenen, womöglich versiegelten Briefes. Aber vielleicht verdankte sie gerade diesem Umstand ihre Volkstümlichkeit, vor allem in der Kombination mit einer zweiten Weltneuheit, der Fotografie. Da die narrensichere Kamera für jedermann auf sich warten ließ, mußte man sich vorerst den professionellen Lichtbildnern anvertrauen, und die entdeckten bald ein besonderes Anwendungsgebiet ihrer Kunst, den Abdruck im damals

Seite 107: Die Gesichter sprechen Bände: von Harmonie und Glück, so gerne auf den Bildern demonstriert, kann kaum die Rede sein.

noch mageren Format von achteinhalb mal dreizehneinhalb Zentimetern. So entstand die Ansichtspostkarte.

Sie bot überdies dem Menschlich-Allzumenschlichen, dem Drang zum Imponieren, ein ideales Feld. Denn in die freundschaftliche Zuwendung gehüllt, konnte man den lieben Verwandten, Nachbarn und sonstigen Bekannten demonstrieren, daß man es weit genug gebracht hatte (und sie hoffentlich nicht), um sich das Besondere zu leisten, die Sommerfrische: „Gruß aus Heringsdorf!" Als ähnlich praktisch erwiesen sich die schon vorgefertigten Texte, sinnfällig geschmückt, mit denen sich im Jahres- oder Lebensablauf das notwendige Gedenken rasch erledigen ließ – all die Grußpostkarten zur Weihnacht und zum Neuen Jahr, zu Geburten und Geburtstagen oder zu Hochzeiten.

Es lag nahe, die Postkarte auch kommerziell oder politisch zu nutzen, sei es für die Reklame oder zur patriotischen Erbauung. Da allerdings setzte der Herr Generalpostmeister strenge Regeln, um den Mißbrauch abzuwehren, besonders den zersetzenden, den vaterlandslose Gesellen im Sinn haben mochten. Ein girlandengeschmücktes „Proletarier aller Länder, vereinigt euch!" oder gar, im Strahlenglanz der aufgehenden Sonne:

„Völker, hört die Signale,
Auf zum letzten Gefecht!
Die Internationale
Erkämpft das Menschenrecht"

– derlei blieb natürlich streng verboten. Doch ganz etwas anderes war es, den angestammten, rechtmäßigen Herrscher, den Fürsten abzubilden, auf daß er in der guten Stube, auf dem Vertiko, neben den Erinnerungen an die Konfirmation oder die eigene große Zeit in des Königs Rock seinen zukommenden Platz einnehme. Und so verdanken wir denn den Ansichtspostkarten ein Panorama, das Rundumgemälde der Monarchie, das uns im Rückblick ebenso erheitern wie nachdenklich stimmen mag. Anschauung entsteht – und vielleicht sogar Einsicht.

Wie es sich gehört, steht, schreitet oder reitet an erster Stelle selbstredend ER, der Fürst über den Fürsten: Seine Majestät der Kaiser. Da aber die Ansichtspostkarte das Volkstümliche, etwas wie persönliche Nähe zum Ausdruck bringen soll, wird er oft und zunehmend auch „unser Kaiser" genannt. Ein Stolz schwingt darin mit, ihn zu besitzen. Vom König von Preußen ist dagegen nicht mehr die Rede; nirgendwo erwähnen ihn die Bildunterschriften. Sie beweisen durch ihr Weglassen, daß im Bewußtsein der Zeitgenossen die Grablegung schon vollzogen war, die Wilhelm I. für Preußen und sein Königtum von der deutschen Kaiserproklamation befürchtet hatte.

Aus dem Jubiläumsjahr 1913 stammt das Bild des selbstbewußt ausschreitenden „Friedenskaisers", der zugleich die Nation als ihr oberster Kriegsherr nach außen beschirmt, den Marschallstab in der Hand (S. 13). Sehr deutlich, wie auf kaum einem anderen Foto, erkennen wir freilich auch den durch eine verpfuschte Geburt verkürzten und fast gelähmten linken Arm, so daß man unwillkürlich an den angeblich von der Zeitgenossin Julie Schrader erdichteten Vers erinnert wird:

„So schmuck der Mann, daß Gott erbarm!
Der Kaiser hat 'nen kurzen Arm.
Doch hat er Geist, der Feindesfänger...
Das macht den Arm ihm etwas länger."

Andere Bilder bedürfen kaum eines Kommentars; sie sprechen für sich (S. 11, 23, 24, 71). Zu Pferde gibt es neben den hochoffiziellen Aufnahmen (S. 78) die eher zufälligen und mitunter beinahe privat wirkenden (S. 67, 79, 111). Übrigens war der Sicherheitsaufwand bei allen Ausritten sehr gering, sofern man von ihm überhaupt sprechen kann. Jeder entschlossene Attentäter hätte aus kurzer Entfernung auf den Kaiser schießen können, wie 1878 auf Wilhelm I. oder 1914 in Sarajewo auf den österreichischen Thronfolger, aber niemand kam auf den Gedanken, es zu tun. Eher seltsam wirkt allerdings, wie Seine Majestät hoch vom Roß herab die Ansprache eines Zivilisten entgegennimmt (S. 75). Aber natürlich fehlen die volkstümlichen Aufnahmen nicht, wie bis heute die Staatsmänner auf der ganzen Welt sie lieben: Der Kaiser begrüßt Kinder oder mischt sich, nebst Gemahlin, unter sie (S. 30).

Zur Vielfalt der Uniformen gehören die ausländischen, meist bezogen auf Regimenter, bei denen der Kaiser die Stellung eines Ehrenkommandeurs bekleidete. Wir wählen hier nur ein Beispiel. Da Wilhelm II. ein Schauspieler oder zumindest ein Verkleidungskünstler von Graden war, wirkt er in seinem russischen Rock durchaus lebensecht (S. 25).

Keineswegs verschwiegen wird, daß er ein leidenschaftlicher, vielschießender Jäger war (S. 112). In der Schorfheide findet man noch heute einen Gedenkstein mit bemüht altdeutscher Inschrift:

Unser durchlauchtigster
Markgraf und Herre Kaiser
Wilhelm II.
faellete allhier am 20. IX.
a. d. 1898 Allerhöchst Seinen
1000. edel Hirschen
von XX Enden

Etwas später, am 31. Oktober 1902, gab das Hofjagdamt der Presse mit Stolz bekannt, daß der Herre Kaiser es auf nunmehr 47 443 Stücke Wild gebracht habe.

Da die Marine ein Lieblingsspielzeug des Kaisers und seiner Epoche war, gewinnt sie auf den Bildern eine bedeutende Rolle. Wir sehen also Seine Majestät, entspannt hingestreckt wie selten, auf seiner Segelyacht „Meteor" (S. 91).

Mit der „Meteor" nahm der Kaiser an Hochseeregatten teil. Da allerdings ein Torpedoboot die Yacht zu begleiten pflegte – weniger zur Bewachung als zur etwa notwendigen Nachrichtenübermittlung –, liefen in Seglerkreisen vielfach abgewandelt Verse wie dieser um:

„Was taucht da qualmend am Horizont empor?
Es ist des Kaisers herrliche Yacht,
die stolze „Meteor'."

Erst recht sehen wir Seine Majestät in der Admiralsuniform (S. 27), wie man ihn übrigens heute noch in der Halle des Hamburger Hotels „Atlantik" als Kachel-Wandbild bewundern kann. Auf seiner Motoryacht „Hohenzollern", 1893 in Dienst gestellt, einem für heutige Begriffe eher bescheidenen Schiff von 4250 Tonnen Wasserverdrängung, spricht er mit seinem Flottenbaumeister Admiral von Tirpitz oder empfängt wäh-

Unsere Kaiserin mit der Kronprinzessin, Prinzessin Eitel Friedrich und den Kindern des Kronprinzenpaares.

7054
Verlag von Gust. Liersch & Co.
Berlin SW.

Original-Aufnahme
von Selle-Kuntze-Niederastroth,
Kgl. Hofphotographen, Potsdam.

zeigen die Fassade, das, was man sehen sollte oder sehen wollte, aber die tiefere Wahrheit oder Wirklichkeit zeigen sie nicht. Wiederum Eulenburg im Jahre 1903:

„Mit ganz verzerrtem Gesicht erschien der arme Herr nach der Lektüre der Berichte im Eßsaal, und jede harmlose Unterhaltung war ausgeschlossen. Krieg, Rache, Ohnmacht und ein grimmiger Zug verletzter Eitelkeit ... stand auf dem blassen, nervösen Gesicht geschrieben. – Ich stehe so sehr unter dem Eindruck der Trauer, daß ich gerne sofort das Schiff verließe. Ich fühle die Tränen in mir aufsteigen, wenn ich den lieben, gütigen Herrn ... in maßlosen Ausfällen gegen allerhand Windmühlen höre und sein in Heftigkeit ganz entstelltes Gesicht sehe. – Der arme, arme Kaiser! – wie zerstört er alles um sich, was sein Halt, sein Stolz sein sollte."

Ein grimmiger Zug verletzter Eitelkeit: Daß Wilhelm II. seinen besten Freund, der derlei notierte, wie einen Aussätzigen fortstieß, als er drei Jahre später in einen Skandal gezerrt wurde, verwundert kaum.

Doch zurück zu den Ansichtspostkarten. Neben den Bildern, die Seine Majestät als den Regenten zeigen, spielen die aus dem engeren oder weiteren Kreise seiner Familie eine große Rolle. Das kommt kaum von ungefähr. Denn die Monarchie *ist* ein Familienunternehmen, und es geht nicht bloß um den jeweiligen Fürsten, der die politische Einheit repräsentiert, sondern zugleich um das Vor-Bild einer glücklichen, gesegneten Familie, das die Gemüter und die Herzen anrührt. Fast möchte man meinen, daß die bürgerliche Gesellschaft eines solchen Vor-Bildes um so dringender bedarf, je mehr ihre überlieferte Moral zerfällt. Der einzelne klammert sich gerade dann ans Beispiel einer heilen und herzigen Welt, wenn in seiner eigenen die Risse sich mehren oder sie gar zu Scherben zerfällt.

Eine moderne Monarchie gerät darum in Schwierigkeiten, wenn zwar der Monarch oder wie jetzt in England die regierende Königin sich untadelig zeigt, aber im Kreis der Familie die Probleme sich häufen. In den älteren Verhältnissen gehörten dagegen die Seitensprünge oder „Ehen zur linken Hand", die Liebhaber und Mätressen eher zur Regel als zu den Ausnahmen, und sie schmälerten den Ruhm keineswegs. Man denke an den „Sonnenkönig" Ludwig XIV. in Frankreich, an August den Starken von Sachsen oder an die russische Zarin Katharina, der, wie sonst kaum jemals einer Frau, der Ehrentitel „der Großen" zufiel, obwohl doch ihre sexuellen Ausschweifungen jene Grenzen bei weitem sprengten, die eine herkömmliche oder die neuere Moral gewahrt sehen möchte.

Am 3. November 1913 war das Paar unter dem Jubel der Bevölkerung in seine Residenz in Braunschweig eingezogen. Ernst August hatte auf das hannoversche Erbe verzichtet und war nun legitimiert, den Thron in Braunschweig zu übernehmen.

von ihm sich anregen ließ. Freilich vermerkt der Gothaische Genealogische Hofkalender, daß dieser Prinz, Sohn des regierenden Fürsten Adolf, protokollgerecht als „Hochfürstliche Durchlaucht" hätte angeredet werden müssen.

Eine besondere Serie ist dem Prinzen Ernst August von Cumberland, Herzog zu Braunschweig und Lüneburg, zugleich Königlicher Prinz von Großbritannien und Irland, und seiner Gemahlin, der Kaisertochter Viktoria Luise gewidmet (S. 20, 105, 120). Bei diesem Paar wäre die Anrede „Königliche Hoheiten" korrekt gewesen. Die Hochzeit fand am 24. Mai 1913 statt und wurde stark beachtet, weil sie sich als Zeichen der Aussöhnung zwischen dem 1866 im Königreich Hannover zum preußischen Vorteil vom Thron gestoßenen Welfenhause und dem Hause Hohenzollern deuten ließ.

Die braunschweigische Serie führt bereits in den Krieg hinein, der alles verändert. Selbstverständlich gibt es die Ansichtspostkarten weiterhin oder erst recht, denn die vaterländische Erbauung gewinnt jetzt eine zentrale Bedeutung. Zudem geht es oft um wohltätige Zwecke; Geld soll für die Verwundetenpflege gesammelt werden, für die – wie man eigens dokumentiert sieht (S. 37, 40) – Ihre Majestät die Kaiserin und Ihre Königliche Hoheit die Kronprinzessin sich einsetzen, anderen Damen aus den hohen und gehobenen Ständen zum Vorbild.

Aber man muß wohl bezweifeln, ob für den vaterländischen Zweck erreicht wurde, was eigentlich erreicht werden sollte. „Kaiser Wilhelm II. im Felde" (S. 36) wirkt eher sorgenverloren als mitreißend, und „Unser Kaiserpaar im Westen" (S. 121) läßt an Pensionäre denken, die ihrem verlorenen Beruf nachtrauern und Spaziergänge unternehmen, um der Langeweile zu entkommen. Unwillkürlich wandern beim Betrachten unsere Vorstellungen schon voraus ins Exil: Wenig oder nichts müßte sich ändern, falls in der Unterschrift ein Wort ausgetauscht wäre: „Unser Kaiserpaar in Doorn". Man betrachte das Bild, das dann tatsächlich aus der Verbannung stammt (S. 46)!

Vollends „Unser Kronprinz vor seinem Hauptquartier" (S. 122), dürfte statt der Begeisterung eher Befremden ausgelöst haben. Denn wir erkennen nicht den Heerführer, der sich um seine in den Schlamm gegrabenen, dem Trommelfeuer ausgesetzten Soldaten sorgt, sondern einen schneidigen Herrenreiter. Wir meinen zu sehen und damit zu wissen, daß er auf die Meute hechelnder Hunde wartet, die ihn zur fröhlichen Fuchsjagd begleiten sollen.

Nein, die wahren Herren des Krieges, Hindenburg und Ludendorff, sahen anders aus (S. 34, 35). Ein weiteres Bild, „aufgenommen von Ihrer Majstät der Kaiserin und Königin im Juli 1915", verrät ungewollt etwas von der Verschiebung der Macht, die sich anbahnte. Im Mittelpunkt steht Hindenburg; der Kaiser dagegen, an die Seite gerückt, wirkt wie sein Adjutant oder Gehilfe aus dem Generalstab (S. 43). Am Ende, nur um zehn oder fünfzehn Jahre später, schreitet dann der greise Feldmarschall als ein deutscher „Ersatzkaiser" auf uns zu (S. 98)).

Im November 1918 zerbrach die Monarchie; im Dezember besetzten revolutionäre Matrosen der einst so stolzen Hochseeflotte das Berliner Stadtschloß. Auch Plünderungen kamen vor. Nachdem regierungstreue Truppen die Ordnung wiederhergestellt hatten, besichtigten der Sozialdemokrat Rudolf Breitscheid, in dieser Zeit der preußische Innenminster, und Harry Graf Kessler das Schloß. Kessler notierte in seinem Tagebuch: „Was den Matrosen an den Plünderungen zuschulden kommt, scheint nicht festzustellen. Die Privaträume, Möbel, Gebrauchsgegenstände, übriggebliebenen Andenken und Kunstobjekte der Kaiserin und des Kaisers sind aber so spießbürgerlich nüchtern und geschmacklos, daß man keine große Entrüstung gegen die Plünderer aufbringt, nur Staunen, daß die armen, verschreckten, phantasielosen Wesen, die diesen

Plunder bevorzugten, im kostbaren Gehäuse des Schlosses zwischen Lakaien und schemenhaften Schranzen nichtig dahinlebend weltgeschichtlich wirken konnten. Aus dieser Umwelt stammt der Weltkrieg oder was an Schuld am Weltkrieg den Kaiser trifft: aus dieser kitschigen, kleinlichen, mit lauter falschen Werten sich betrügenden Scheinwelt seine Urteile, Pläne, Kombinationen und Entschlüsse. Ein kranker Geschmack, eine pathologische Aufregung die allzu gut geölte Staatsmaschine lenkend! Jetzt liegt diese nichtige Seele hier herumgestreut als sinnloser Kram. Ich empfinde kein Mitleid, nur, wenn ich nachdenke, Grauen und ein Gefühl der Mitschuld, daß diese Welt nicht schon längst zerstört war, im Gegenteil in etwas andren Formen überall noch weiterlebt."

Sogar die Ansichtspostkarten lebten kaum verändert weiter. Als sei nichts geschehen, posierten der Kaiser und der Kronprinz im Wechsel ihrer Uniformen, ordensgeziert (S. 48, 97). Und stolz zeigte Wilhelm II. sich neben seiner zweiten Gemahlin Hermine, einer verwitweten Prinzessin von Schönaich-Carolath, geborenen Prinzessin Reuß (S. 46). Immerhin nehmen hier wie bei den späteren Aufnahmen zivile Bilder allmählich zu (S. 73, 99). Die Hochzeit fand 1922 statt, nachdem die Kaiserin Auguste Viktoria 1921 gestorben war. Auch die Hochzeit des Enkels Louis Ferdinand mit Kira Kirillowa, Großfürstin von Rußland, sehen wir dokumentiert; sie wurde 1938 begangen (S. 80, 123). Bald schon begegnen wir dem Urenkel (S. 47).

Auf diesen späten Bildern ist aus dem stolzen Kaiser ein Greis geworden, der seltsam verkleinert wirkt. Etwas wie eine späte, gebrechliche Würde scheint um den alten Mann zu sein, die uns anrühren könnte, wenn wir nicht wüßten, wie wenig Einsicht ihm in seinem Exil zuwuchs – und welch einer Taktlosigkeit er bis zuletzt fähig blieb.

Ohnehin marschierten seine Söhne in den Reihen des „Stahlhelm" wider die Republik (S. 100), und Prinz August Wilhelm stellt sich gar als Parteigänger Hitlers vor. Auf dessen Geheiß wirkte dann im Juni 1941 die Wehrmacht an der Beisetzung des Kaisers mit (S. 33).

„Zu Großem sind wir noch bestimmt, und herrlichen Tagen führe Ich euch noch entgegen", hatte Wilhelm II. 1892 gesagt. Aber seine Regentschaft führte in die Katastrophe des Krieges, und nur vier Jahre nach ihm starb das Reich der Deutschen, als seien Zerstörung und Tod seit jeher die Ziele gewesen.